Peter Gitzinger · Linus Höke · Roger Schmelzer

Das böse Buch zum 50.

Peter Gitzinger · Linus Höke · Roger Schmelzer

DAS BÖSE BUCH ZUM 50.

mit Illustrationen von Ari Plikat

Lappan

VORWORT

Der 50. Geburtstag teilt die Menschheit in zwei Kategorien: Für die Optimistischen ist er ein Anlass zu großer und aufrichtiger FREUDE *(„Hätt' ich nie gedacht, dass ich so alt werde! Jesus ist ja auch nur 33 geworden."), für die Realistischen der blanke* HORROR. *Der endgültige Abschied vom Jungsein. Die nicht mehr zu leugnende Bewusstwerdung der eigenen* VERGÄNGLICHKEIT, *kurzum: Der Anfang vom Ende. Und damit einhergehend täglich wiederkehrende Visionen von fallendem Herbstlaub, düster krächzenden Raben, dem winkenden Sensenmann oder dass man eines Morgens im Spiegel in dieses faltige, schlaffe Etwas, formerly known as Gesicht, schaut und leise zu sich sagt: „Sooooo schlecht sehen Mickey Rourke und Donatella Versace eigentlich gar nicht aus."*

MENSCHEN, *die ihrem 50sten auf diese Art entgegenblicken, feiern kein rauschendes Fest, sondern verkriechen sich in die finsterste Ecke ihres Kellers und verfallen in tiefe Depressionen. Sind sie deshalb berufsmäßige Defätisten oder unheilbare Pessimisten? Nein, sie sind einfach nur* REALISTEN! *Warum? Weil absolut NICHTS Positives daran ist, 50 zu werden. Außer Sie neigen zu* MASOCHISTISCHEN PRAKTIKEN *– und werden von der jetzt immer wahrscheinlicheren Vorstellung sexuell stimuliert, dass Sie nach einem akuten Bandscheibenvorfall durch die Gegend humpeln wie Kapitän Ahab oder wegen einer schweren Angina pectoris bei jedem Treppensteigen nach Luft japsen wie ein asthmakranker Karpfen an Land. Dann, aber nur dann verschafft Ihnen Ihr 50. Geburtstag mit Sicherheit den größten* ORGASMUS *Ihres Lebens.*

Lassen Sie sich also nicht von irgendwelchen penetranten DAUER-OPTIMISTEN *weismachen, mit 50 sei das Glas immer noch halb voll. Es ist so gut wie leer! Um es mit dem großen amerikanischen Fernsehphilosophen Bruce Darnell zu sagen:* DAS IST DER WAHRHEIT! *Sie finden, das klingt niederschmetternd? Und zu wenig ermutigend? Okay, dann schlagen Sie sich doch zu diesen ewig lächelnden* **SONNENSCHEINCHEN**, *die selbst einer radioaktiven Kernschmelze in einem benachbarten Atomkraftwerk etwas Positives abgewinnen können und die Lebensverhältnisse im Südsudan „total supidupi" finden. Und wenn Sie schon nicht von der nackten* **IDIOTIE** *ablassen können, das Erreichen Ihres 50. Lebensjahres im Kreise Ihrer sogenannten Liebsten zu feiern, dann lassen Sie sich wenigstens etwas* **SINNVOLLES** *von ihnen schenken, zum Beispiel dieses Buch. Falls Sie Ihren persönlichen* **D-DAY** *aber doch lieber im Keller verbringen, dann kaufen Sie sich das Buch eben selbst und leeren bei der Lektüre heimlich, still und leise Ihre* **WEINVORRÄTE** …

Prost!

INHALT

INTERESSANTES AUS DER GESCHICHTE

In unserer heutigen Welt ist es ganz normal, dass jemand seinen 50. Geburtstag feiert. Doch das war nicht immer so. Wie erlebten unsere Vorfahren das runde Wiegenfest?

IN DER STEINZEIT

Gar nicht. Denn niemand wusste a) an welchem Tag er geboren wurde, b) wie viele Jahre das her ist und c) was das überhaupt ist, ein Jahr. Dieser Wissensmangel machte eine sorgfältige Geburtstagsplanung äußert schwierig. Ganz davon abgesehen, dass es noch keine Möglichkeit gab, Einladungskarten drucken zu lassen. Wenn man auf den Gedanken kam, eine Einladung auszusprechen, tat man dies auf direktem Weg: mit einem Keulenhieb. Denn auch die Sprache gab es noch nicht. Kein Wunder also, dass Einladungen zu Familienfeierlichkeiten schon damals äußerst unbeliebt waren.

Erst 9000 vor Christus kam ein Bauer in Südengland auf die Idee, seinen 50. Geburtstag zu feiern. Zwar wusste auch er mangels Kalender weder, wann

er geboren wurde, noch wie lange das her war – aber das war ihm schnurz: Er behauptete einfach stur, am morgigen Tag genau 50 Winter alt zu sein und dies auch dank einer göttlichen Eingebung ganz sicher zu wissen. Noch am selben Abend wurde er wegen Gotteslästerei enthauptet. Die Idee, den 50. Geburtstag zu feiern, hatte einen herben Rückschlag erlitten.

Einige Jahre später starteten ein paar Feierwillige einen erneuten Versuch. Um jeden Verdacht des Frevels auszuräumen, und damit einer der Geburtstagsstimmung abträglichen Enthauptung vorzubeugen, entwickelten sie einen Kalender – bestehend aus einem guten Dutzend tonnenschwerer Sandsteinmonolithe, heute bekannt als Stonehenge. Mit seiner Hilfe konnte man durch Beobachtung des

Sonnenstandes den Jahreszyklus recht genau bestimmen. Ein erster Schritt, den eigenen Geburtstag fundiert und ohne göttliche Eingebung zu bestimmen, war getan – doch leider konnte sich die Erfindung im übrigen Land nicht durchsetzen. Als Taschenkalender war Stonehenge einfach zu unpraktisch. Vorschnell in Auftrag gegebene Partyhütchen mussten mangels Nachfrage wieder eingestampft werden.

IM ALTEN ÄGYPTEN

Im alten Ägypten hatte man dank eines funktionierenden Kalendersystems keine Probleme mehr, den 50. Geburtstag genau zu datieren. Allerdings verhinderte ein anderer Umstand, dass die Menschen in den Genuss kamen, ihn auch zu feiern: Man wurde schlichtweg nicht so alt. Bekleidete man ein wichtiges Amt in der ägyptischen Oberschicht, starb man in der Regel vor dem 50sten an Gift – verabreicht von einem Neider, der selbst scharf war auf den Posten. Gehörte man zur Mittelschicht, wurde man oftmals vorher hingerichtet – meist wegen Giftmordes an einem Mitglied der Oberschicht. Zählte man zur Unterschicht, den Sklaven, war man mangels beruflicher Position, auf die jemand hätte neidisch sein können, zwar selten Opfer einer Vergiftung, starb aber mit zwanzig an Entkräftung.

Wurde jemand wider Erwarten doch einmal fünfzig, erhielt er ein Geburtstagsgeschenk, das den meisten Menschen in Anbetracht der damaligen Lebensumstände am sinnvollsten erschien: ein Grabmal. Die Mindestanforderung an die Größe der damaligen

Grabmäler (Grundfläche: mindestens 230 mal 230 Meter, Mindesthöhe: 140 Meter, Mindestgewicht: 6 Millionen Tonnen), verbunden mit dem enormen Beschaffungsaufwand (Geschenkboutiquen waren selten, erst recht welche mit Pyramiden im Sortiment), verhinderte jedoch für lange Zeit, dass sich die Praxis, den 50. Geburtstag angemessen zu feiern, flächendeckend durchsetzte.

BEI DEN ALTEN RÖMERN

Die alten Römer waren schließlich die Ersten, die es zum 50sten richtig krachen ließen. Hier ein Auszug aus der Einkaufsliste, die der römische Kaiser Trajan für seine am 18. September 103 stattfindende Geburtstagsfeier anfertigte:

- 60.000 Einladungskarten (handgemeißelt)
- 1 Sonnenschirmchen mit der Aufschrift „Trajan"
- 1 Circus Maximus
- 8 Pferdegespanne inklusive Fahrer
- 1 Lorbeerkranz für den Sieger
- 7 Löwen für die Verlierer

Der Umfang der gigantischen Partys stürzte den römischen Staat in eine Finanzkrise. Eine Lösung musste her. Diese kam auch, allerdings erst im ...

… MITTELALTER

Um die Kosten für die immer größer werdenden Hurra-ich-bin-fünfzig-Partys im Zaum zu halten, griff man im Mittelalter zu einer List: Man senkte die Lebensqualität drastisch – und damit auch das statistische Durchschnittsalter. Kaum einer wurde noch fünfzig. Falls doch, wurde er wegen Zauberei kurzerhand auf einen Scheiterhaufen gestellt und angezündet. Die Geburtstagskerze war erfunden – wenn auch die Sitte des Ausblasens zum Leidwesen der betroffenen Jubilare noch lange auf sich warten ließ, so war dies immerhin ein Hoffnungsschimmer in einer ansonsten sehr dunklen Zeit.

UND HEUTE?

Heute hat so gut wie niemand mehr ein Problem mit der magischen Zahl 50. Ganz im Gegenteil. Viele sagen: „Mit 50 ist man in der Lebensmitte angekommen." Ein Satz, der – genau betrachtet – den 50. Geburtstag etwas beschönigt. Denn kaum jemand wird abstreiten, dass sich Menschen im Alter von 100 Jahren nur noch selten auf der Erde aufhalten, sondern eher unter ihr. Doch lassen Sie sich die Stimmung nicht vermiesen. Feiern Sie schön! Zünden Sie ein paar Kerzen an (Vorsicht! Nur echte verwenden!) und genießen Sie Ihre Party. Und falls Sie keine Lust dazu haben, Sie sich aber trotzdem genötigt fühlen, einen Umtrunk zu organisieren, sprechen Sie Ihre Einladung einfach nach guter alter Steinzeittradition aus: mit einer Keule.

50 EINE GANZ BESONDERE ZAHL

Was ist dran an der **50**? Okay, die Zahl ist schön rund, aber ansonsten auf den ersten Blick wenig spektakulär – nicht besonders hoch, nicht besonders niedrig, im Grunde trüber Durchschnitt. Und tatsächlich: Mathematisch gesehen kommt die **50** vollkommen unauffällig daher. Die einzige Besonderheit: Sie ist die kleinste natürliche Zahl, die sich auf zwei verschiedene Arten als Summe zweier Quadratzahlen schreiben lässt: $5^2 + 5^2 = 50$. Oder: $7^2 + 1^2 = 50$. Klingt öde? Ist es auch!

Auch weitere Untersuchungen bleiben zunächst enttäuschend: **50** …

… ist *keine* Primzahl,

… ist *keine* der legendären Fibonacci-Zahlen,

… hat *nichts* mit dem berühmten Goldenen Schnitt zu tun,

… hat weder etwas mit den Jahreszeiten oder Evangelien zu tun (4), noch mit den Monaten oder Aposteln (12), noch mit den Wochentagen oder Todsünden (7), mit Yin und Yang (2), der Vollkommenheit (1.000), Glück oder Unglück (13), der Dreifaltigkeit (3) oder dem mysteriösen sechszackigen Stern (6), ja noch nicht mal mit den Kostbarkeiten der chinesischen Küche (8).

Wir aber haben uns gesagt: Das kann doch nicht alles sein. Also starteten wir eine aufwendige Recherche und haben Sensationelles herausgefunden.

Zunächst einmal: Zwischen Ostersonntag und Pfingstmontag liegen exakt **50** Tage. Und zwar jedes Jahr. Wir haben es nachgeprüft, für sämtliche Jahre bis zum Jahr 33 nach Christus. Das Ergebnis war jedes Jahr dasselbe: **50** Tage! Ein wahnwitziger Zufall – oder das Ergebnis einer großangelegten Verschwörung des Vatikans, die bis in biblische Zeiten zurückreicht? Daraufhin gruben wir tiefer und fanden heraus:

Die Quersumme von **50** ist 5. Dies ist aber gleichzeitig auch die Quersumme der geheimnisvollen Zahl 23, die schon für die Illuminaten von höchster mystischer Bedeutung war – jener Illuminaten, die im Bestseller „The Da Vinci Code“ den Vatikan zerstören wollen. Nur die leichtgläubigsten Charaktere würden hier nicht hellhörig werden.

Und dann das: Jesus Christus starb mit 33 Jahren, das oben erwähnte rätselhafte Genie Leonardo da Vinci mit 67 Jahren. Und genau in der Mitte zwischen der 33 und der 67 liegt ... Sie ahnen es vermutlich schon: die **50**. Sie glauben noch immer an einen Zufall? Dann lesen Sie weiter ...

Auf jedem Euro-Schein werden Bauwerke aus verschiedenen Zeitaltern dargestellt. Ausgerechnet der **50**-Euro-Schein ist der Renaissance gewidmet. Und der bekannteste Renaissance-Künstler ist wer? Natürlich: Leonardo da Vinci! Spätestens jetzt stellt sich bei jedem, der feinfühlig genug ist, eine Gänsehaut ein. Aber es wird noch rätselhafter:

Der C64 bedeutete für die meisten heute **50**-jährigen den ersten Kontakt mit dem Computerzeitalter. 64 aber durch zwei geteilt und dann umgekehrt ergibt … 23 – die Zahl, die dieselbe Quersumme hat wie die **50**. Und welche berühmte Person schrieb umgekehrt, also in Spiegelschrift? Genau: Leonardo da Vinci – der Mann, nach dem einer der berühmtesten Computerviren benannt wurde! Wie gruselig ist das bitteschön?

Wer genau hinschaut, merkt also: Die **50** ist in Wirklichkeit eine geheimnisumwitterte, rätselhafte Zahl. Die Verschwörungstheoretiker in aller Welt werden sich die kritische Frage gefallen lassen müssen, wie ihnen dies bisher entgehen konnte. Bis die **50** angemessen gewürdigt wird, ist es daher wichtig, dass mutige Jubilare der Zahl die Ehre erweisen. Also: Kriegen Sie Ihren Arsch hoch! Falls Sie bisher noch nicht wussten, warum Sie Ihren fünfzigsten Geburtstag feiern sollten – jetzt wissen Sie's.

ACHT DINGE, DIE SIE ALS
HABEN SOLLTEN – UND ALS

MANN

ein Haus bauen 1
ein Kind zeugen 2
einen Baum pflanzen 3
dem Chef die Meinung sagen 4
sich prügeln 5
einen Berg besteigen 6
Fallschirmspringen 7
nackt im Meer baden 8

ACHT DINGE, DIE SIE ALS
HABEN SOLLTEN – UND ALS

FRAU

einen Beruf ausüben, der Ihnen Spaß macht 1
sich selbst die Haare färben 2
mit dem Handy erotische Selfies machen 3
einen Autoreifen wechseln 4
eine Nacht mit „ihm“ durchtanzen 5
schwarzfahren 6
einmal den Chef verführen 7
Karaoke singen 8

MANN VOR DEM 50STEN GETAN FRAU LEIDER TUN MÜSSEN …

FRAU

1 das Haus putzen
2 das Kind großziehen
3 den Baum großziehen
4 Stellenanzeigen studieren
5 den Krankenwagen rufen
6 den Rettungshubschrauber rufen
7 das Testament eröffnen
8 sich fremdschämen

FRAU VOR DEM 50STEN GETAN MANN LEIDER TUN MÜSSEN …

MANN

1 das Haus putzen
2 eine LKW-Ladung Tempotaschentücher kaufen
3 das Internet zu löschen versuchen
4 den Krankenwagen rufen (für sie)
5 den Krankenwagen rufen (für sich)
6 heimlich Fahrkarten kaufen
7 Stellenanzeigen studieren
8 sich fremdschämen

WAS TUN, WENN DIE GEBURTSTAGS-PARTY NICHT ZÜNDET?

Diese Situation hat wahrscheinlich jeder schon mal erlebt. Auf einer Party mag einfach keine Stimmung aufkommen. Eigentlich keine Katastrophe – es sei denn, man feiert gerade die Party zu seinem 50. Geburtstag. In so einem Fall verspricht unser Diagnosediagramm schnelle Abhilfe:

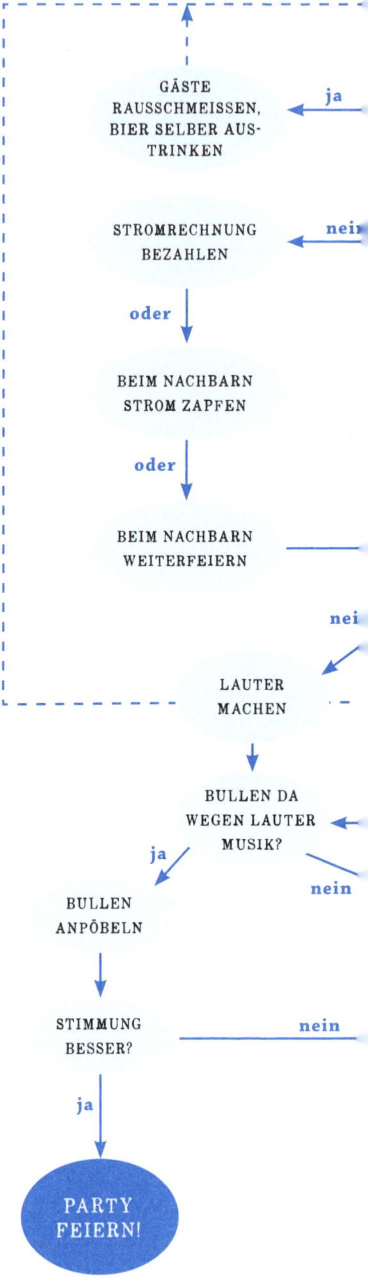

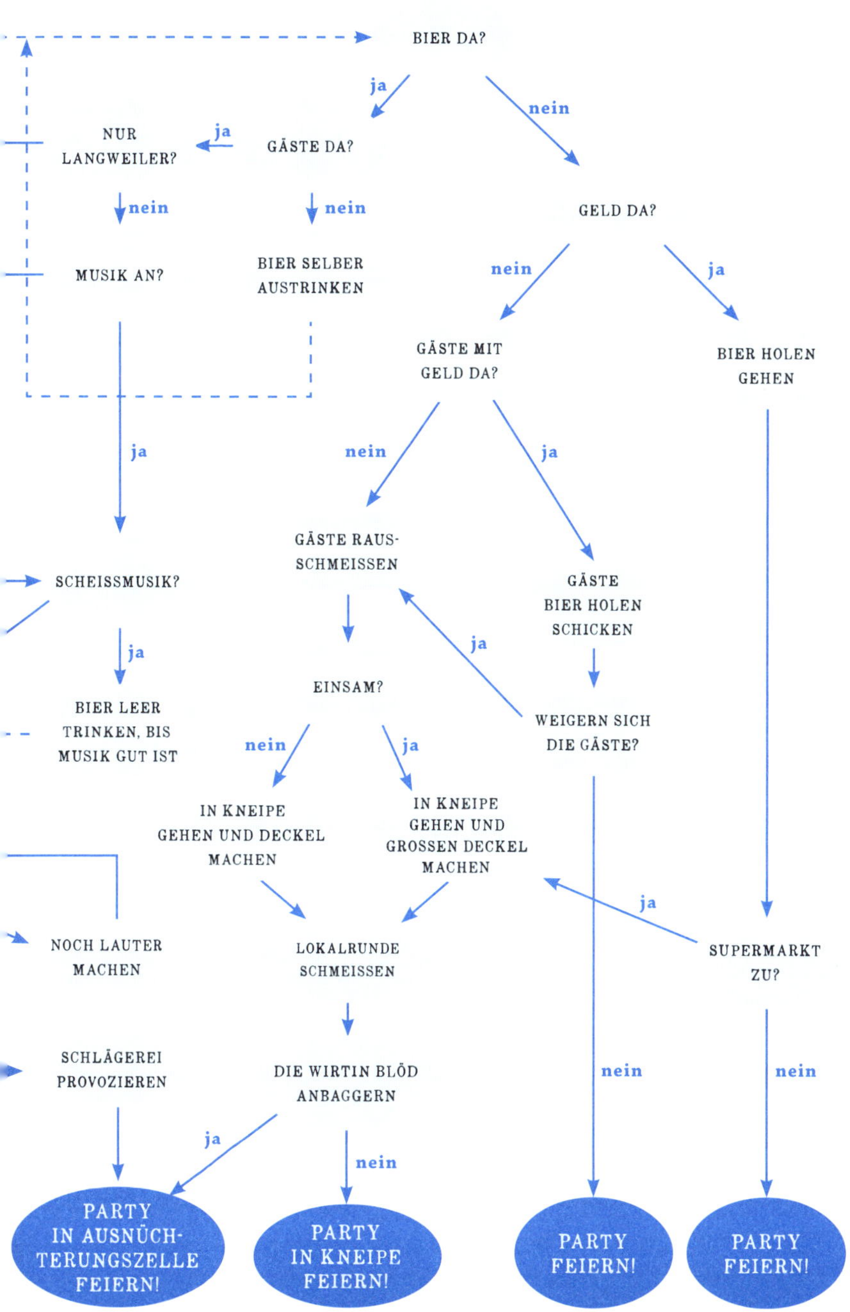
BIER DA?
ja
nein
NUR LANGWEILER?
ja
GÄSTE DA?
nein
nein
GELD DA?
MUSIK AN?
BIER SELBER AUSTRINKEN
nein
ja
GÄSTE MIT GELD DA?
BIER HOLEN GEHEN
ja
nein
ja
GÄSTE RAUS-SCHMEISSEN
SCHEISSMUSIK?
GÄSTE BIER HOLEN SCHICKEN
ja
ja
EINSAM?
BIER LEER TRINKEN, BIS MUSIK GUT IST
WEIGERN SICH DIE GÄSTE?
nein
ja
IN KNEIPE GEHEN UND DECKEL MACHEN
IN KNEIPE GEHEN UND GROSSEN DECKEL MACHEN
ja
NOCH LAUTER MACHEN
LOKALRUNDE SCHMEISSEN
SUPERMARKT ZU?
SCHLÄGEREI PROVOZIEREN
DIE WIRTIN BLÖD ANBAGGERN
nein
nein
ja
nein
PARTY IN AUSNÜCH-TERUNGSZELLE FEIERN!
PARTY IN KNEIPE FEIERN!
PARTY FEIERN!
PARTY FEIERN!

DIE HÄUFIGSTEN KRANKHEITEN AB DEM 50. LEBENSJAHR

Es gibt Krankheiten, die sich vermehrt nach dem Erreichen des 50. Lebensjahres einstellen: Blasenschwäche, Bierbauch oder die Tatsache, dass man morgens nicht mehr aus dem Bett steigen kann, ohne dass einem alle Knochen wehtun. Allerdings gibt es (mehr oder weniger) wirksame Therapien: Gegen Blasenschwäche hilft, nichts mehr zu trinken, gegen den Bierbauch auch, und gegen die Schmerzen nach dem Aufstehen hilft es, einfach liegen zu bleiben. Es treten aber auch gehäuft Erkrankungen auf, die bislang noch wenig erforscht und deshalb auch nur in seltenen Fällen heilbar sind.

Die Styling-Regression *(morbus hellokitty)*:

Das obsessive Tragen von Kleidung, Frisuren und Accessoires, die eigentlich 30–40 Jahre jüngeren Frauen vorbehalten sind. Diese heimtückische Erkrankung treibt viele Mütter dazu, in der Öffentlichkeit als Klone ihrer Töchter aufzutreten, in einer wilden Kombination aus:

- pumuckelrot getönten Haaren
- knatschenge Skinnies oder Treggings
- Adiletten mit weißen Strümpfen
- Jeansjacke mit Glitzer-Gimmicks
- grellen T-Shirts mit Bambi- oder Krümelmonster-Aufdruck und ...
- Mädchenhandtasche mit einem süßen Häschen darauf.

Eine häufige Folge der Styling-Regression: Den Satz „*So* gehst du mir nicht aus dem Haus!“ sagen heute nur noch die Töchter.

Die Styling-Retardierung ist auch bei männlichen Patienten durchaus verbreitet, meist in der Variante des „ewigen Studenten“ mit Chucks, Ripped Jeans und Hoodie.

Die Geiler-Sack-Hypersalivation:

Darunter versteht man bei älteren Männern den vermehrten Speichelfluss beim Anblick junger Mädchen, vor allem in den warmen Sommermonaten. Dies hat zwei Gründe: Wärme verstärkt beim Mann die Speichelproduktion und bei den jungen Mädchen das Tragen luftiger Kleidung. Mit der Geiler-Sack-Hypersalivation geht häufig eine krankhafte Vergrößerung

des Augapfels einher, ausgelöst durch exzessives Ins-Dekolletee-Schielen. Gegen die Hypersalivation hilft das Verzehren großer Mengen trockenen Mürbegebäcks, die den Speichel binden und ihn somit am Ausfließen hindern.

Die zunehmende Besessenheit, die den Hypersalivatiker jungen Frauen gegenüber erfasst, führt hin und wieder zur Trennung von der Partnerin und dem Ehelichen von 20-jährigen geistig minderbemittelten Fitnesstrainerinnen.

Auch weibliche Film- oder Popstars ab 50 leiden häufig unter der Zwanghaftigkeit, sich deutlich jüngere Partner zu suchen, der Experte spricht vom sogenannten Toy-Boy-Syndrom (morbus madonna).

Die Bewegungs-Prokrastination:

Hierunter versteht man das immerwährende Aufschieben von sportlicher Betätigung. Klassische Symptome sind Sätze wie:

- „Morgen fange ich mit dem Joggen an."
- „Ab nächster Woche fahre ich nur noch mit dem Rad zur Arbeit."
- „Ab jetzt gehe ich jeden Mittwoch um 18 Uhr schwimmen."

Studien haben gezeigt: Je genauer die Zeitangabe, desto unwahrscheinlicher ist es, dass der Kranke sein Vorhaben in die Tat umsetzt. Generell sind bei Patienten, die unter Bewegungs-Prokrastination leiden, sämtliche Zeitangaben als sinnentleerte Satzfüllsel zu betrachten, die u.a. der Beruhigung des Partners bzw. der Partnerin, aber vor allem der Selbsttäuschung dienen. Die üblichen Motivationstechniken, wie gutes Zureden oder ein heftiger Tritt in den Arsch, bleiben fast immer erfolglos.

Als Folge leiden die Bewegungs-Prokrastinatiker oft auch unter einer schweren Form der Arschbacken-Dermatitis, einer krankhaften Verhornung der Gesäßhaut, ausgelöst durch zu häufiges und langes Sitzen auf dem Sofa. Akut gefährdet ist die Gesäßhaut an Freitagabenden, da der Erkrankte nach dem leichtfertigen Einschalten deutscher Fernsehkrimis häufig in einen komatösen Schlaf verfällt *(ZDF-Syndrom).*

Die Graues-Haar-Achromasie (auch: *partielle Haarfarben-Blindheit*):

Spätestens ab ihrem 50. Lebensjahr sind zahlreiche Männer und Frauen nicht mehr in der Lage, Grautöne von anderen Farbtönen zu unterscheiden. Dies gilt aber erstaunlicherweise nur für ihre eigene Kopf- und Körperbehaarung und führt zu Sätzen wie: „Das kommt von der Sonne, da werden meine Haare IMMER heller." oder: „Das ist nicht grau, das ist silberblond."

Einhergehend mit der Graues-Haar-Achromasie tritt bei Männern häufig die so genannte Tonsur-Phobie auf. Dahinter verbirgt sich die übertriebene Angst vor dem Entstehen einer Glatze im Scheitelbereich und der daraus resultierenden Attraktivitätsabnahme gegenüber dem weiblichen Geschlecht. Die am häufigsten angewendete Eigentherapie zur Steigerung der Attraktivität: das Überkämmen der Tonsurglatze mit den Haaren aus anliegenden Regionen („Donald-Trump-Toupet“) hat allerdings meist den gegenteiligen Effekt.

Die Hüftspeck-Derealisation (auch: *Rettungsring-Romantisierung*):

Vor allem bei Männern ausgeprägter Realitätsverlust in Bezug auf den eigenen Bauchumfang. Viele Männer betrachten sich wohlwollend vor dem Spiegel („Du geiler Teufel!“) und glauben, dass ihr Bauch in einem absolut perfekten Verhältnis zum Restkörper steht, auch wenn sie in Wirklichkeit aussehen wie ein Klapperstorch, der einen Medizinball verschluckt hat. Als mögliche Ursache für diesen anhaltenden Realitätsverlust sehen Forscher die sogenannte „kognitive Dissonanz“ oder einfach nur Blödheit.

Nicht verwechseln sollte man die Hüftspeck-Derealisation mit der Hüftspeck-Glorifizierung, die beide Geschlechter gleichermaßen erfasst und sich in Sätzen äußert wie: „Ein Mann ohne Bauch ist ein

Krüppel." oder „Männer wollen was zum Anfassen." Für beide Krankheitsformen gibt es nur EINE vielversprechende Therapie: Der Partner trennt sich und man ist gezwungen, sich einen neuen zu suchen.

Die Altersgeld-Repression:

ist der medizinische Begriff für die totale Verdrängung des zu erwartenden, kärglichen Rentenbescheids. Eine häufig zu beobachtende Gegenreaktion auf die Renten-Sublimierung ist die **Assekuranz-Manie** *(morbus hamburgmannheimer)*, der krankhafte Drang zum vermehrten Abschluss komplett unnötiger Versicherungen, bevor es vermeintlich zu spät ist.

BESONDERE ORTE, AN DENEN MAN SEINEN 50STEN FEIERN KANN

Natürlich können Sie Ihren 50sten feiern, wo und wie Sie möchten: vor dem Fernseher während der Tagesthemen – oder wie Ernie und Bert als Gäste

in den Tagesthemen –, mit ein paar Freunden in einer Kneipe oder wie Heidi Klum mit gut 200 Gästen auf der Dachterrasse eines Luxushotels in Los Angeles bis die Kameras der Fotografen qualmen.

Doch das Besondere des 50sten ist mit der Wahl dieser Orte unserer Meinung nach nur unzureichend bedient. Warum? Weil diese Orte alle nichts mit „50“ zu tun haben. Wie originell wäre es doch – statt wie einst Carmen Geiss eine schnöde Karibikinsel für ihr Fest zu mieten –, dort zu feiern, wo der Symbolkraft der 50 am ehesten Rechnung getragen wird: exakt auf dem 50. Breitengrad! Beflügelt von dieser ausgefallenen Idee haben wir für Sie die drei spektakulärsten Orte entlang dieser symbolträchtigen Koordinate herausgesucht.

Autobahndreieck Mainz (50°0'0"N, 8°10'48.41"E)

Eine außergewöhnliche Kulisse für eine außergewöhnliche Party. Hier können Sie es richtig krachen lassen, wenn auch nicht lange. Man fühlt sich doch sehr schnell sehr platt.

Vorteil: leicht mit dem PKW zu erreichen
Nachteil: kaum Parkmöglichkeiten

Hupperath in der Eifel (50°0'0"N, 6°50'11.6"E)

Das 577-Seelen-Dorf in der Eifel besticht durch eine Reihe ansehnlicher Kulturdenkmäler, die eine perfekte Kulisse für ein rauschendes Geburtstagsfest bieten: ein Wegekreuz von 1708 und ein Wohnhaus aus dem 19. Jahrhundert – um hier nur die bekanntesten zu nennen. Für das kulinarische Wohl Ihrer Gäste sorgt *Moni's Biker-Treff* an der nahegelegenen B 49 (bis 19 Uhr geöffnet).

Vorteil: noch nicht touristisch entdeckt
Nachteil: noch nicht touristisch entdeckt

ganz Kanada (50°0'0"N, von -127° bis -56° E)

Der perfekte Ort für Ihre Party, wenn a) die Anzahl Ihrer Gäste die dreistellige Million weit übertrifft, oder b) Sie einen Teil Ihrer Gäste nicht mögen und ihnen ohne peinliche Ausreden aus dem Weg gehen möchten.

Vorteil: abwechslungsreiche Landschaft, perfekt zum Draußen-Feiern
Nachteil: abwechslungsreiche Fauna (Grizzlys, Wölfe, Stinktiere)

Unser Geschenk

AN DIE GEBURTSTAGSKINDER

Wir haben lange überlegt, mit welchem Geschenk wir unseren Leserinnen und Lesern zu ihrem 50. Wiegenfest eine Freude machen können. Ins Kalkül zogen wir dabei eine sechswöchige Südafrikareise, einen Ferrari 250 GTO, Baujahr 1962, und eine lebenslange Sofortrente in Höhe von 5.000 Euro monatlich. Doch schlussendlich erschien uns dies alles zu profan und so haben wir uns entschlossen, das zu verschenken, was uns am wertvollsten erschien: Lebensfreude durch Humor. Und dies in Form von 50 lustigen Wörtern.

Herzlichen Glückwunsch und viel Spaß mit dem Geschenk!

Kokolores
Ursulapoppenricht
Kuhschwanzhalter
Rokokokommode
Wixhausen
Techtelmechtel
Muckefuck
Darmstadt
Warmschrumpfmuffe
Flutschmoppen
Titisee
Ratzefummel
Kaltschrumpfmuffe
Titicacasee
Popocatepetl
Brimborium
schwuppdiwupp
rammdösig
Firlefanz
Wuppdizität
Ulknudel
Rindfleischetikettierungsüberwachungs-
aufgabenübertragungsgesetz
Grottenolm
Lustmolch
Schwanzlurch
Klackerklüten
Rüsselsheim
Pomeranze
Transnistrien
verkasematuckeln
Mumpitz
Vatnajökull
Dschibuti
Pampelmuse
Russenei
Hagestolz
Wuchtbrumme
Hupfdohle
Dumpfbacke
Brüllwürfel
Isopropilprophemilbarbitursauresphenil-
dimethitdimenthylaminophirazolon
Bratwurstbratgerät
Fleischmütze
knödeln
Hollarididudeldö
Spritzhusten
Hängebauchschwein
Arschgeweih
Mupfel
Knut

DINGE, MIT DENEN UNSERE FREIZEIT

Im Alter von 20 Jahren

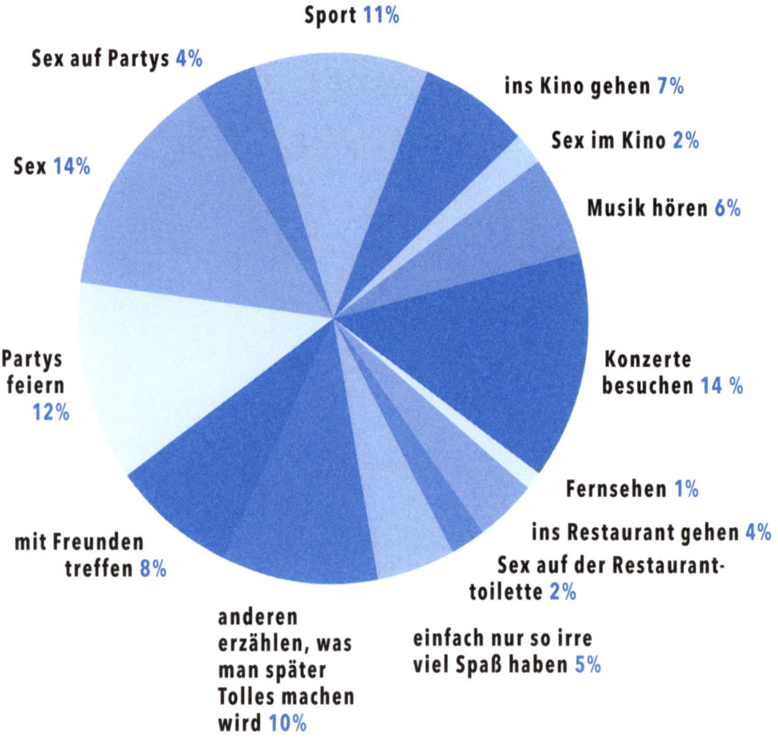

WIR VERBRINGEN

Im Alter von 50 Jahren

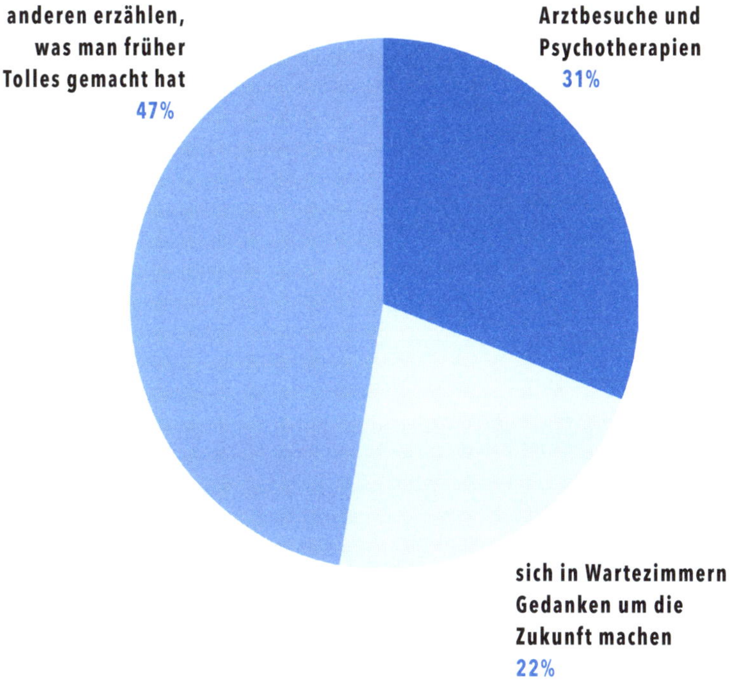

SCHNELLTEST

WAS IST IHR WAHRES ALTER?

Überall redet man heutzutage vom biologischen Alter* – aber entscheidend ist doch: Wie sieht es in Ihrer Psyche aus? Steckt da noch irgendwo der stürmische, liebenswert chaotische Rebell? Oder hat der desillusionierte, frustrierte Spießer Ihre Persönlichkeit komplett übernommen? Wir haben auf wissenschaftlich exakter Basis und aufgrund fundierter, penibel durchgeführter Recherche** den ultimativen Persönlichkeitstest für Sie entwickelt. Überprüfen Sie Ihren Keith Richards-Faktor.

FRAGE 1: Wie viele Freunde haben Sie?

A: Kann ich nicht genau sagen, bei Zahlen, die mehr als fünf Stellen haben, verlier' ich schon mal die Übersicht. (10 Punkte)

* Zum Beispiel in diesem Buch, im Schnelltest „Was ist Ihr wahres Alter?"

** Womit bewiesen ist, dass zumindest WIR innerlich NICHT jung und wild geblieben sind.

B: Die Frage kann ich nicht beantworten – denn bei mir klingelt dauernd das Handy oder die Tür, und alle fünf Sekunden kommt eine WhatsApp rein. (10 Punkte)

C: Freunde? Bei meinem Fünfzigsten hatte ich genau vier Gäste: mein Steuerberater, mein Osteopath und zwei Typen von der Komparsen-Vermittlung, die beide hundert Euro von mir bekommen haben. Und selbst die sind nach einer halben Stunde gegangen und haben mir das Geld zurückgegeben. (0 Punkte)

D: Ich hab eigentlich keine echten Freunde mehr, nur eine Handvoll Bekannte – aber keine Sorge, bis zum Sechzigsten bin ich die auch los. (0 Punkte)

FRAGE 2: *Haben Sie schon Pläne für Ihren sechzigsten Geburtstag?*

A: Wieso? Ich hab ja schon beim Fünfzigsten exakt dasselbe Programm gehabt wie beim Vierzigsten, Dreißigsten und Zwanzigsten. Da werd' ich jetzt doch nicht plötzlich verrückt spielen. Ich bin doch kein Hippie! (0 Punkte)

B: Ja. Beim Sechzigsten wird es mal richtig hochhergehen – die flottesten Songs von Georg Danzer, den Gebrüdern Blattschuss und Gottlieb Wendehals, dazu eine zweite Flasche Eierlikör und – einmal tief durchgeatmet – dutzende Luftschlangen. Das wird keine Party, das wird eine Orgie. (1 Punkt)

C: Würd ich gern, aber ich kann nicht klar denken. Muss erst mal den Restalkohol von der Party zu meinem Fünfzigsten abbauen. (10 Punkte)

D: Auch wenn's spießig klingt: Ich habe versucht, trotz der langen Vorlaufzeit genau und akribisch zu planen und alles in meinem Organizer festzuhalten. Aber dann hab ich's doch aufgegeben: Wer weiß heute schon, was Crack und Nutten in zehn Jahren kosten werden? (5 Punkte)

FRAGE 3: *Wollen Sie im Job noch etwas erreichen?*

A: Natürlich, die Rente. (0 Punkte)

B: Natürlich, aber erst mal muss ich das Studium abschließen. (10 Punkte)

C: Ja, jeden Tag aufs Neue – und zwar das Klo. Das liegt am Ende der Büroetage und manchmal ist es ziemlich knapp ... (0 Punkte)

D: Ja, einmal möchte ich noch während einer Teambesprechung alle Kollegen mit etwas ganz Großem verblüffen: meinem Hauptgewinn im Lotto. Und mit den Worten: „Und jetzt fresst meinen Staub, ihr kleinen Wichser. Ab morgen findet ihr mich in Florida." (1 Punkt)

FRAGE 4: *Wie viele Apps haben Sie sich im letzten Monat auf Ihr Smartphone geladen?*

A: Was ist nochmal eine App? (0 Punkte)

B: Was ist nochmal ein Smartphone? (0 Punkte)

C: Was ist nochmal ein Monat? (-50 Punkte)

D: Die Frage kann ich nicht spontan beantworten – da muss ich erst mal Siri fragen. (10 Punkte)

FRAGE 5: *Sind Sie noch in der Lage, Ihre Meinung öfter mal zu ändern?*

A: Nein. (0 Punkte)

B: Nein, auf keinen Fall! (-5 Punkte)

C: NEIN, AUF KEINEN FALL!!! (-10 Punkte)

D: Nein, auf keinen ... das heißt: doch, ja bin ich ... oder halt: nein, bin ich nicht. Nie. Würde ich nie tun ... naja, eigentlich doch. Muss ja auch mal sein ... nein, streichen Sie das. Meine Meinung ändern? Nie! Never! Kommt bei mir nicht vor! Naja, obwohl ... (1 Punkt)

AUSWERTUNG:

-60 BIS 0 PUNKTE:

Sie sind so flexibel wie die Cheops-Pyramide und so lebendig wie die Mumien, die früher darin lagerten. Ihr innerliches Altern lässt sich daher nicht in Jahren angeben – eher in Erdzeitaltern. Glückwunsch, Sie werden selbst nach Ihrem Tod innerlich noch lebendiger sein als jetzt. Freuen Sie sich also auf Ihr Dahinscheiden. Worauf auch sonst?

1 BIS 20 PUNKTE:

Sie sind so alt, wie Sie sich fühlen. Na toll, kein spektakuläres Ergebnis. War dieser Test also nur verschwendete Zeit für Sie? Mitnichten, denn er hat Sie für mehrere Minuten davon abgehalten, über all die Chancen nachzugrübeln, die Sie ausgelassen haben und die nun nicht wiederkommen. Und über die falschen Entscheidungen, die Sie nie mehr rückgängig machen können. Die große Karriere, die Sie nie hatten ... Wie – jetzt fühlen Sie sich plötzlich alt? Dann machen Sie den Test gleich nochmal!

21 BIS 41 PUNKTE:

Sie sind jung geblieben – richtig jung! Genauer gesagt: Bei Ihnen handelt es sich im Grunde um eine präpubertäre verantwortungslose Rotznase. Gegen Sie ist selbst Peter Pan ein verknöcherter, freudloser Spießer. Sie fühlen sich gut – aber nur, weil Sie zu verstrahlt sind, um zu kapieren, dass Sie sich eigentlich scheiße fühlen sollten. So, das musste mal gesagt werden. Und jetzt lassen Sie die Erwachsenen in Ruhe und spielen mit der Xbox, Sie kleiner Racker!

AUFZEICHNUNGEN EINES NOCH-49-JÄHRIGEN

EIN COUNTDOWN

Donnerstag:

In drei Tagen habe ich Geburtstag. Meinen 50sten. Keine große Sache, vor der man Angst haben müsste. Hab ich auch nicht. Warum auch? Ich habe viel erreicht in meinem Leben: Ich habe ein Kind gezeugt und ein Haus gebaut. Ein schönes Haus, in dem das Kind jetzt wohnt, zusammen mit meiner Ex-Frau und ohne mich. Allerdings hab ich es aus irgendeinem Grund versäumt, einen Baum zu pflanzen. Und das sollte man - wenn man der aktuellen Ausgabe der Men's Health Glauben schenken darf - unbedingt getan haben, um in den Olymp derjenigen aufzusteigen, die an ihrem 50sten mit Stolz sagen können: „Ja, ich bin ein Mann! Und ich habe alles geschafft, was ein Mann schaffen kann!" Ich halte das für Käse. Warum sollte sich ein 50-jähriger Mann nicht vollwertig fühlen, nur weil er keinen Baum gepflanzt hat? Mumpitz!

Freitag:

Bin mit Holger im Gartencenter. Wollen uns über Bäume informieren. Einfach nur so. Unabhängig von meinem Geburtstag und erst recht unabhängig von der Men's Health. Ich lasse mir von einer Männerzeitung nicht vorschreiben, ob und wann ich einen Baum zu pflanzen habe. Holger meint, eine Eiche wäre das Mindeste, besser wäre aber ein Mammutbaum. Ein Baum für echte Männer! Die würden steinalt, und dann könnte man

in tausend Jahren noch sehen, dass ich die Men's Health lese. Ich schaue mich um. Die Auswahl an Mammutbäumen ist recht übersichtlich. Überhaupt gibt es nicht viele Bäume in diesem Gartencenter. Ein Verkäufer klärt mich auf. Das würde mit der Jahreszeit zusammenhängen. Wir entscheiden uns für den einzigen Baum, den es zu kaufen gibt: eine knapp zwei Meter große Winterlinde.

Zu Hause angekommen bemerke ich, dass mir in der Planung meines Vorhabens ein entscheidender Fehler unterlaufen ist: Ich habe keinen Garten. Den hat ja jetzt Monika, zusammen mit meinem Haus. Überlege, ob man die Linde nicht einfach in einen Topf setzen kann, für den Balkon. Holger meint, das ginge nicht. Ein Dasein als Balkonpflanze sei würdelos für einen Baum, der ja symbolisch immerhin für einen Mammutbaum stünde. Der Baum MUSS in die Erde.

Samstagvormittag:

Spontanbesuch bei Monika. In der rechten Hand einen Spielzeugbagger für meinen Sohn, in der linken einen Spaten, im Auto Holger und die Winterlinde. Das folgende kurze und heftige Gespräch, dessen genauer Wortlaut hier wiederzugeben mir mein Anstand verbietet, erweist sich als wenig zielführend bezüglich meiner Absicht, Monikas Ziergarten mit meiner Winterlinde zu verschönern. Sinngemäß kreist das Gespräch um den Vorwurf, ich solle mal was Sinnvolleres lesen als so einen Schund wie die Men's Health. (Keine Ahnung, wie die darauf kommt!) Und wenn ich jetzt schon - kurz vor meinem 50sten - irgendwelchen dämlichen Männerriten hinterherhetze, möchte sie mich an meinem 60sten nicht erleben müssen, was sie aber eh nicht zu tun gedenke.

Zurück im Auto fühle ich mich alt. Holger tröstet mich damit, dass es auch andere Männer mit 50 zu etwas gebracht hätten - und zwar ohne vorher eine Winterlinde zu pflanzen. Zum Beispiel Hannibal Lecter. Der hätte ja in seiner Zelle gar keinen Platz gehabt, einen Baum zu pflanzen. Trotzdem wäre er sehr berühmt. Holger hat Recht: Ich darf den Spaten nicht zu früh ins Korn werfen.

Samstag, früher Nachmittag, Stadtwald:

In einem Wald eine Stelle für eine Winterlinde zu finden, ist nicht einfach. Zu viele Bäume. Um die Linde später leichter wiederzufinden, entscheiden wir uns schließlich für eine Stelle neben einem Automaten für Hundekotbeutel. Beherzt setze ich den Spaten an - und stelle fest, dass mein Plan jahreszeitlich bedingt einen weiteren Schwachpunkt aufweist: Der Boden ist steinhart gefroren. Bin den Tränen nah - trotz meines neuen großen Vorbilds, Hannibal Lecter.

Samstag, später Nachmittag, botanischer Garten, Palmenhaus:

In einen Kapuzenmantel gehüllt und in einen Rollstuhl gesetzt, können wir die Winterlinde als „Oma Elfi" getarnt ins Palmenhaus schmuggeln. Misstrauischen Fragen seitens des Kartenabreißers, warum Oma Elfi denn Blätter verliere, begegne ich mit einer Geschichte über großflächige Schuppenflechte. Mehr Wirkung zeigt allerdings erst der Einsatz eines 100 Euro-Scheins. Kurz darauf - nachdem der letzte Besucher das Palmenhaus verlassen hat - ist es soweit: Neben einer Dattelpalme, Phoenix canariensis, bekommt mein Baum ein neues Zuhause. Es ist vollbracht! Ich habe einen Baum gepflanzt! Nichts kann mich jetzt mehr daran hindern, meinen Geburtstag ordentlich zu feiern!

Samstag, früher Abend, 18 Uhr 5, botanischer Garten, Palmenhaus:

Kann es doch. Denn um 18 Uhr schließt das Palmenhaus. Und schließen heißt in diesem Fall: Keiner kommt mehr rein. Vor allem aber: Keiner kommt mehr raus.

Samstagnacht, 24 Uhr, botanischer Garten, Palmenhaus:

Hurra, ich habe Geburtstag. In Ermangelung von Korken lassen die Palmen die Knospen knallen. Feucht-fröhliche Stimmung mag nicht recht aufkommen. Für Fröhlichkeit sind wir einfach nicht in der richtigen Verfassung. Dafür wird es kurz darauf immerhin feucht, und zwar um ...

.... 24 Uhr 1:

Die Berieselungsanlage schaltet sich ein. Freude kommt auf. Nicht bei mir, aber bei der Winterlinde.

PROBLEMZONEN, DIE FRAUEN AB 50 VERMEHRT ZU SCHAFFEN MACHEN

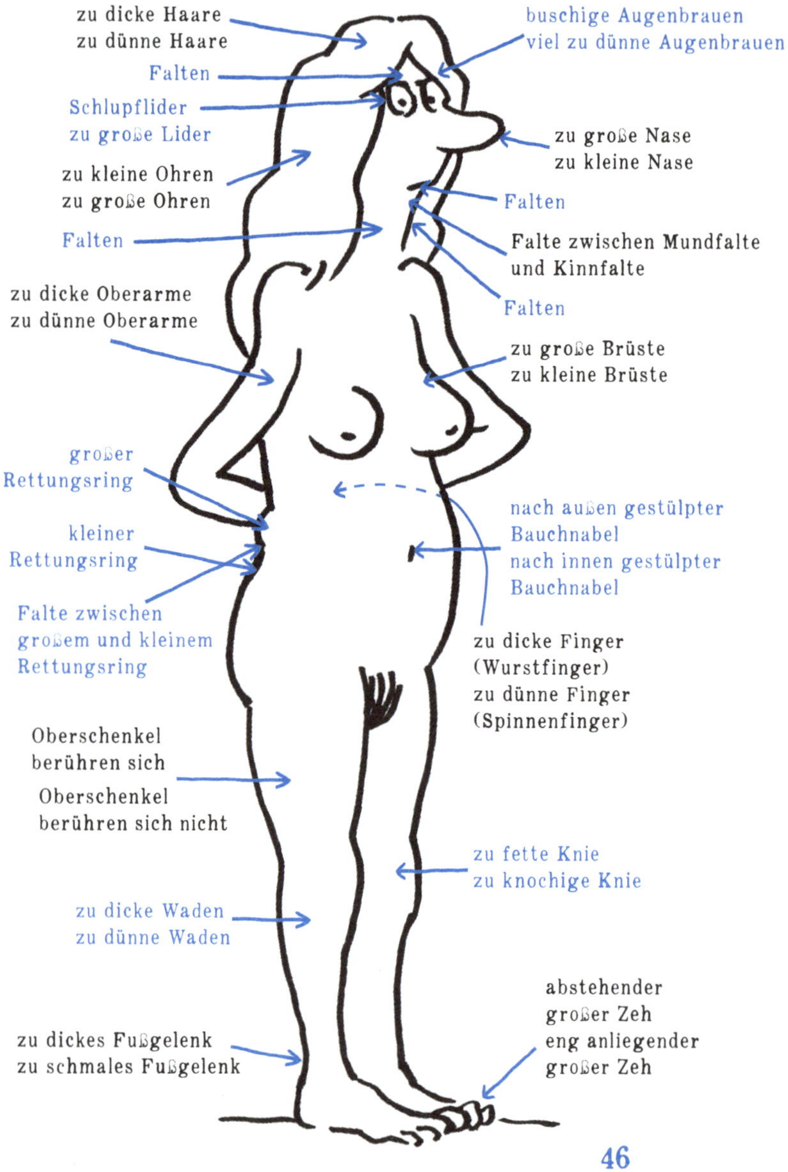

PROBLEMZONEN, DIE MÄNNER AB 50 VERMEHRT ZU SCHAFFEN MACHEN

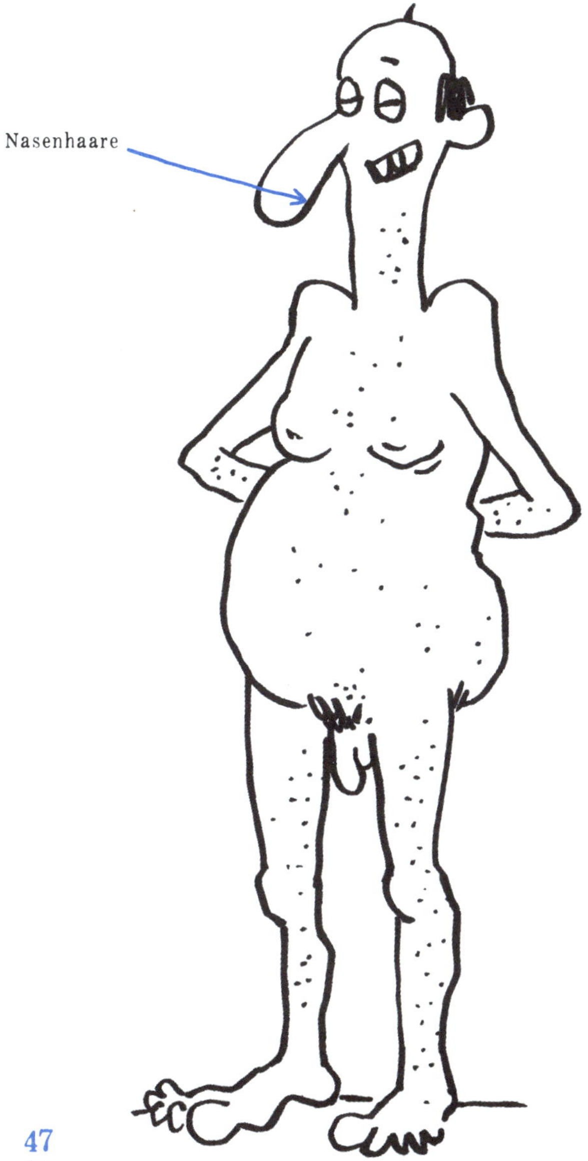

Gespräch mit dem UNTERBEWUSSTSEIN

In einer Umkleidekabine: Katrin (50) versucht seit eineinhalb Stunden vergeblich, sich für ein Kleid zu entscheiden. Zum dritten Mal probiert sie gerade das leicht ausgestellte rote Sommerkleid mit Rundhalsausschnitt an. Da hört sie eine Frauenstimme.

STIMME: *Mein Gott, jetzt nimm es doch! Nimm endlich das verdammte Kleid!*

KATRIN: Wer ist da? Verschwinden Sie!

STIMME: *Keine Angst, Katrin, ich bin's nur.*

KATRIN: Wer?

STIMME: *Dein Unterbewusstsein.*

KATRIN: Quatsch.

STIMME: *Okay, betrachten wir die Sache mal logisch: Du hörst eine Stimme in deinem Kopf, hier ist kein Mensch zu sehen und ich kenne deinen Namen ... was sagt dir das?*

KATRIN: Na gut, nehmen wir für einen Moment mal an, du bist tatsächlich mein Unterbewusstsein – was willst du dann von mir?

STIMME: *Dass du dich endlich für dieses idiotische Kleid entscheidest.*

KATRIN (hält sich das Kleid vor): Echt? Ich weiß nicht ... es sieht ja ganz gut aus, aber ...

STIMME: *Jaja, aber der Sommer ist quasi vorbei, und wer weiß, ob du das nächsten Sommer noch tragen kannst, in dem Tempo, in dem dein Körper Problemzonen hervorbringt. Und ob dieses Risiko den Preis für so ein teures Teil rechtfertigt, im Gegensatz zu dem nicht ganz so schicken, aber dafür runtergesetzten Geblümten mit der Gummizug-Raffung im Brustbereich. Das wolltest du doch sagen, oder?*

KATRIN: Äh, ja, so in der Art. Und du meinst ...

STIMME: *Ich meine, dass ich es satt habe, dir pausenlos beim Mit-dir-selbst-argumentieren zuzuhören! Ich komme hier überhaupt nicht mehr zu Wort!*

KATRIN: Ich bin nun mal vernünftiger geworden. Das kannst du mir doch nicht vorwerfen.

STIMME: *Vernünftiger? Willst du mich verarschen? Das soll vernünftig sein, zwei Stunden wie eine besoffene Hummel durch diese Abteilung zu torkeln ... um dann nach Hause zu gehen und alles nochmal zu überschlafen? Und nächsten Samstag geht das Drama dann von vorne los?!*

KATRIN: Ich bin mir eben meiner Problemzonen bewusst. Das ist doch was Gutes.

STIMME: *Früher hast du dauernd aus dem Bauch heraus entschieden. Nicht erst groß nachgedacht.*

KATRIN: Ja, früher …

STIMME: *Und? Hat es dir geschadet?*

KATRIN: Mal überlegen … Es hat mir erst eine Ehe eingebracht, die von Anfang an zum Scheitern verurteilt war. Und dann das ungeplante letzte Kind, das jahrelang verhindert hat, dass ich aus besagter Beziehung rauskomme. Und dazu einen Job ohne echte Perspektive. Reicht das?

STIMME: *Na gut, es hat ein paar Kollateralschäden gegeben. Aber es war doch nicht alles schlecht. Wir hatten auch gute Zeiten zusammen.*

KATRIN: Wann?

STIMME: *In deiner Jugend zum Beispiel. Damals hast du dich total auf mich verlassen. Gerade beim Einkaufen.*

KATRIN: Und wo hat das hingeführt? Ich hab damals ausgesehen wie eine mobile Altkleidersammelstelle. Erst neulich hätte ich fast ein ganzes Fotoalbum weggeschmissen, weil ich den Anblick nicht ertragen konnte …

STIMME: *Ich weiß. Ich wollte dich dazu bringen. Aber dann bist du mir wieder dazwischen gekommen und hast argumentiert, dass man die Fotos ja vielleicht noch verwenden kann, für die nächste Geburtstagsfeier oder so …*

KATRIN: Stimmt ja auch, das ... Moment mal ... Erst bringst du mich dazu, mir diese albernen Klamotten zu kaufen, und dann willst du mich dazu bewegen, die Erinnerungen daran zu entsorgen?! Das passt doch nicht zusammen.

STIMME: *Liebes, ich bin das Unterbewusstsein. Das hat NICHTS mit Logik zu tun.*

KATRIN: Aha.

STIMME: *Und mal im Ernst – macht die ganze Grübelei dich glücklicher? Und dass du dich gar nicht mehr gehen lässt?*

KATRIN: Na, so schlimm ist es auch nicht ...

STIMME: *Ach nein? Sogar beim Sex bin ich abgemeldet. Selbst da redest du in deinem Kopf die ganze Zeit mit dir selbst – und wo bitte soll ich mich denn einbringen, wenn nicht da? Das ist meine Schlüsselkompetenz.*

KATRIN: Ich bin nun mal nicht mehr jung. Irgendwann wird man kontrollierter.

STIMME: *Fehlt dir das nicht manchmal? Die spontanen Trips nach Amsterdam? Die diffusen Träume, dass irgendwas Tolles in deinem Leben passieren wird? Das war alles ich! Und es war ganz schön hart, dich dahin zu bringen – du bist ja schon von Natur aus eher verspannt. Tut mir leid ... musste mal gesagt werden.*

KATRIN: Naja ... es hatte schon was. Und du könntest das wieder hinkriegen?

STIMME: *Äh, ehrlich gesagt: Weniger die diffusen Träume. Heute bin ich besser in diffusen Ängsten. Und diffuser Enttäuschung. Das hab ich super drauf.*

KATRIN: Na toll.

STIMME: *Was willst du? Nicht nur du bist älter geworden. Ich auch. Ich muss mit den Realitäten leben.*

KATRIN: Willkommen in meiner Welt.

STIMME: *Okay … weißt du was? Reden wir ganz vernünftig. Über dieses bescheuerte Kleid.*

KATRIN: Also gut, leg los.

STIMME: *Du wirst es nicht kaufen. Sondern das runtergesetzte Geblümte …*

KATRIN: Klingt vernünftig …

STIMME: *… und dann kommen die Selbstvorwürfe: Bin ich mir selbst nicht mehr wert? Wer soll mich noch lieben, wenn ich selbst es nicht mal tue? DANN kommen die langen dunklen Stunden nachts, die Schlaflosigkeit, und DANN ein langsames Dahinschwinden in Einsamkeit und Verbitterung. Nur wegen diesem Kleid, das du nicht gekauft hast, und …*

KATRIN: Stopp! Du willst gar nicht vernünftig reden – du willst mir Angst machen!

STIMME: *Ich hab doch gesagt, darin bin ich am besten … (kleine Pause) … Und? Hat's geklappt?*

KATRIN: Allerdings.

STIMME: *Und das heißt …?*

KATRIN: Ich nehm' das Kleid! Sofort!

STIMME (EUPHORISCH): *Strike! Mann, das ist ja wie früher. Leute, ich bin wieder im Spiel!*

Katrin kauft ohne eine weitere Sekunde nachzudenken das leicht ausgestellte rote Sommerkleid mit Rundhalsausschnitt. Am nächsten Tag wird ihr klar, dass es viel sinnvoller gewesen wäre, das viele Geld in zwei Herbstkleider zu investieren, die sie eigentlich viel dringender benötigt. Sie bringt das Kleid zurück und macht sich auf die Suche. Diese dauert bis heute an. Von Katrins Unterbewusstsein hat man seitdem nie wieder etwas gehört.

FINANZIELLE AUFWENDUNGEN VON 50-JÄHRIGEN

MANN

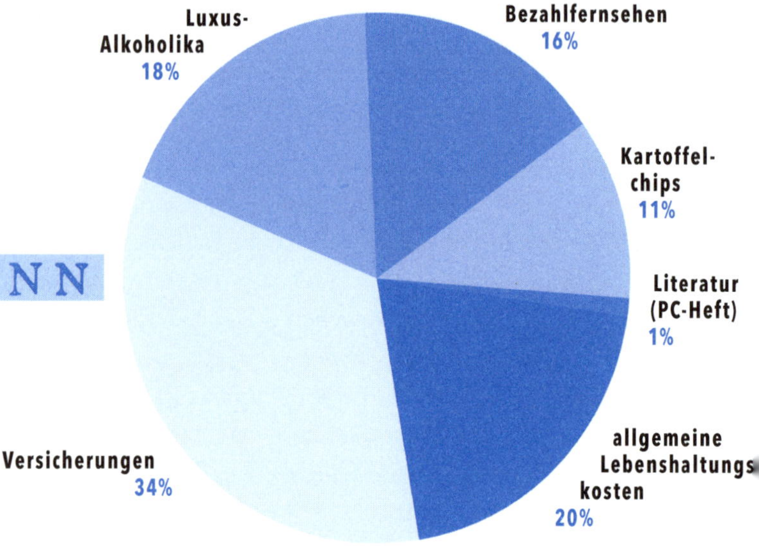

FRAU

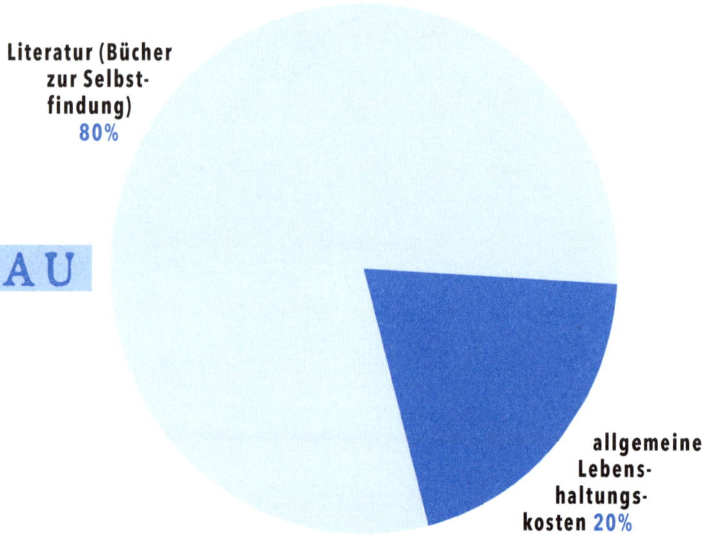

LEXIKON

Ge|burts|tag, der; bezeichnet den Jahrestag der Geburt.
Ein unglücklicherweise weit verbreiteter Brauch ist es, seinen Geburtstag nicht nur mit Freunden, sondern auch mit den Verwandten zu feiern. Dabei ist es oftmals üblich, dem Jubilar ein Geburtstagsständchen zu singen. Je nach Gesangstalent gehen dabei nicht nur Glasgegenstände zu Bruch, sondern auch Freundschaften. Bei Kindern sind Kindergeburtstage üblich. Diese werden heute vermehrt auf riesigen Indoor-Spielplätzen, in Hochseilgärten oder Fußballstadien begangen und kosten die Veranstalter (hier: die Eltern) teilweise sechsstellige Beträge. Ein weiterer sehr verbreiteter Brauch ist, einen Kuchen oder eine Torte mit genau der dem Geburtstag entsprechenden Anzahl an Kerzen zu verzieren. Die letzte Geburtstagstorte von Altkanzler Helmut Schmidt maß deshalb über drei Quadratmeter, die des biblischen Methusalem (969 Jahre) knapp die Fläche des Saarlandes.
Sollte es nicht möglich sein, persönlich zu gratulieren, ist es heutzutage durchaus üblich, einen Geburtstagsgruß per SMS zu übermitteln, z. B. *hdgdl* („Hab dich ganz doll lieb.") oder *sfkdwadas* („Schon fünfzig??? Kack die Wand an, du alter Sack!").
Besondere Geburtstage sind runde Geburtstage, zu denen es spezielle Bräuche gibt: 50-rote-Rosen-vom-Flugzeug-werfen zum 50sten, Das-Kind-aus-dem-Haus-werfen zum 20sten und Mit-kindlicher-Freude-Stücke-von-der-Geburtstagstorte-auf-seine-verdutzten-Gäste-werfen zum 90sten.

Geschenke, die sich Prominente zum 50sten selber machten

… und über die sie sich sehr gefreut haben:

- **REINHOLD BECKMANN:** eine Biografie über Reinhold Beckmann (1.500 Seiten, mit einem Vorwort von Reinhold Beckmann)

- **JOGI LÖW:** ein WM-Sieg gegen Maradona nebst Bierdusche und Wannenbad
- **OSKAR LAFONTAINE:** 3. Ehe
- **JOSCHKA FISCHER:** 4. Ehe
- **LOTHAR MATTHÄUS:** 5. Ehe
- **NAPOLEON BONAPARTE:** High Heels
- **ADOLF HITLER:** Polen

HÄNSEL & GRETEL UND DIE DROHENDE ALTERSARMUT

Die Eheleute Hans und Grete waren beide schon 50 und hatten über 30 Jahre ihres Lebens gearbeitet. Da seit der Einführung des Euro eine große Teuerung ins Land gekommen war und gleichzeitig die Renten auf 48% des Durchschnittsentgeltes abgesenkt worden waren, hatten die beiden große Angst, dass sie im Alter bittere Armut leiden müssten. Als sich Hans eines Abends vor Sorgen herumwälzte, seufzte er und sprach: „Was soll nur aus uns werden?“.

„Weißt du was, Mann“, antwortete die Frau, „wir wollen morgen in aller Frühe im Internet nach einer privaten Rentenversicherung suchen. Das wird all unsere Probleme lösen.“

Am nächsten Morgen saßen Hans und Grete vor ihrem Computer und suchten nach einer passenden Versicherung. Doch oh weh, oh ach, das Versicherungswesen kam ihnen vor wie ein tiefer, dunkler Wald, durch den man unmöglich hindurchfinden konnte. Dort gab es kapitalbildende Lebensversicherungen, klassische private Rentenversicherungen, private Rentenversicherungen gegen Einmalbeitrag, Fonds- oder Banksparpläne, diverse Kombinationen aus privaten Rentenversicherungen und/oder Fonds- oder Banksparplänen, die staatlich geförderte Riester-Rente und die staatlich geförderte Basis-Rente, ehemals Rürup-Rente. Außerdem konnte man wählen zwischen einer Rentenversicherung mit oder ohne Entnahme, mit oder ohne Beitragsanpassung und mit oder ohne rosa Duftpapier.

Da verließ Grete der Mut und sie fing an zu weinen: „Was sollen wir jetzt tun? Wir werden niemals herausfinden, welche die richtige für uns ist, aber ohne eine zusätzliche Versicherung werden wir im Alter elendiglich verhungern." Hans aber tröstete sie: „Lass uns nach draußen gehen, dann wollen wir schon einen Weg finden."

Und so verließen sie das Haus und gingen ihres Weges. Als sie eine Weile gegangen waren, da gelangten sie an ein kleines Häuschen, in dessen Fenster große bunte Plakate hingen und über dessen Tür ein großes Schild aufleuchtete, darauf stand: „Pfefferkuchen Assekuranz AG". Als sie näher herankamen, so sahen sie, dass vor dem Haus ein Aufsteller stand, mit vielen herrlichen Prospekten, die ihnen in zuckersüßen Worten die verlockendsten Dinge versprachen: eine Kapital-Lebensversicherung mit den garantiert niedrigsten Beiträgen, einen Fondssparplan mit den höchsten Auszahlungen und – eine private Rentenversicherung ohne zusätzliche Gebühren!

„Da wollen wir uns ranmachen", sprach Hans und griff nach den Prospekten, „dann müssen wir im Alter nicht darben." Gerade wollten sie sich mit den Zetteln in der Hand davonmachen, da rief eine feine Stimme aus der Stube heraus: „Riester, Riester, Rente, wer will die Top-Dividende?" Und ehe Hans und Grete es sich versahen, ging die Türe auf, und ein solariumgebräunter Anzugträger mit gegelten Haaren und güldener

Krawatten-Nadel kam mit einem strahlenden Lächeln auf sie zu. Hans und Grete erschraken. Der Mann im Anzug aber wackelte freundlich mit dem Kopfe und sprach: „Ei, Ihr lieben Leute, kommt nur herein." Sprach's und führte die beiden mit seinen frisch manikürten Händen in das Büro.

Dort ward ein dampfender, wohlriechender Kaffee aufgetragen, dazu ein Schälchen mit leckeren Keksen, und der Mann erzählte ihnen in den wunderbarsten und wohlklingendsten Worten von den Segnungen der privaten Altersvorsorge. Der Mann hatte sich aber nur so freundlich angestellt, in Wirklichkeit war er ein herzloser Versicherungsvertreter, der die Prospekte bloß ausgelegt hatte, um die beiden herbeizulocken. Wenn er Menschen über 50 in seine Gewalt bekam, so schloss er die Türe seines Büros hinter sich ab und log solange das Blaue vom Himmel herab, bis seine Opfer eine völlig unsinnige Rentenpolice kauften – und es war ihm ein Festtag.

So erzählte ihnen der Vertreter von den famosen Vorteilen einer fondsgebundenen Riesterrente, und dass die beiden zehn Prozent weniger zahlen müssten, wenn sie den Vertrag hier und heute unterschreiben würden. Also nahm Hans den Kugelschreiber, den ihm der Vertreter freundlich lächelnd hinhielt, und unterschrieb frohen Mutes die Police. Als Grete kurz darauf ebenfalls unterschrieben hatte, fiel ihr Blick auf die klitzeklein geschriebenen Zeilen unter dem Vertrag. Dort stand, es gebe zwar keine zusätzlichen Gebühren, sie müssten aber die üblichen Gebühren zahlen: 6% der eingezahlten Beiträge für Vertrieb

und Provision, 2% für die Fondsverwaltung, 4% für anderweitige Verwaltungskosten, 3% bei Erreichen des Rentenalters, 7% bei Nichterreichen des Rentenalters, 2% bei Erreichen jedweden Alters, 5% an jedem Geburtstag des Agenten und eine sogenannte Basisgebühr von 2.500 Euro für alles, was nebenher noch so anfiele.

Da begann ein großes Wehklagen: „Dann bleibt ja gar nichts übrig!“, riefen Hans und Grete. „Das ist unser finanzieller Tod!“

Doch sie mochten schreien, wie sie wollten, es half alles nichts.

„Spart euch euer Geplärre!", rief der böse Versicherungsvertreter, und sein Gesicht verzog sich zu einer furchterregenden Grimasse. „Die fetten Provisionen werden mir köstlich munden!"

Dann ging er zu seinem großen Geldschrank, um den frisch unterschriebenen Vertrag darin einzuschließen. Er öffnete die Tür und steckte den Kopf in den Tresor. Da stürzte sich Grete auf ihn und riss ihm den Vertrag aus den Händen. Dann gab sie dem fiesen Schnösel einen Stoß, dass er weit in den Geldschrank hineinfuhr, machte die eiserne Türe zu und schob den Riegel vor.

Huuuuu! Da fing der böse Mann ganz grauslich an zu heulen. Hans und Grete indes durchsuchten seine Schreibtischschublade und fanden dort viele, viele Geldscheine: die Provisionen für die zehn Riester-Verträge aus der vergangenen Woche. Hans und Grete nahmen das viele Geld und liefen schnurstracks hinaus, der gottlose Vertreter aber musste aufgrund akuten Sauerstoffmangels elendiglich vergehen. Für Hans und Grete hatten alle Sorgen ein Ende. Und wenn sie nicht gestorben sind, dann leben sie noch heute von den fetten Provisionen. Plus den 23 Euro aus ihrer gesetzlichen Rente.

Kinder im Haus: pro und kontra

Wenn Eltern um die fünfzig sind, stehen sie oft vor einer einschneidenden Zäsur: Die Kinder gehen aus dem Haus. Oder auch nicht. In diesem Fall stellt sich irgendwann die Frage:

„Schmeißen wir die Kinder einfach raus?“

Hier eine kleine Entscheidungshilfe:

pro	kontra
Dadurch dass die Kinder endlich selbst etwas verdienen, sparen wir Eltern viel Geld, …	… das wir dann für sinnlose Dinge ausgeben, wie ein vergoldetes Thermomix-Gerät, einen Staubsaug-Roboter und hunderte solarbetriebener Gartenleuchten.
Die Kinder müssen sich irgendwann emotional von den Eltern abnabeln …	… und lassen sich dann tatsächlich nur noch einmal im Monat blicken, diese undankbaren Blagen.
Je früher die Kinder studieren und auf dem Arbeitsmarkt sind, desto besser.	Vor allem für die Unternehmen, die sie dann von einem unbezahlten Praktikum ins nächste schicken.
Die Kinder müssen lernen, auf ihren eigenen Füßen zu stehen, ihr eigenes Leben zu leben, ohne ihre Eltern.	Und sie müssen lernen, dass WIR mit dieser schier unerträglichen Einsamkeit schon fertig werden. Irgendwie.
Wenn die Kinder aus dem Haus sind, haben wir endlich wieder mehr Ruhe und mehr Zeit für unsere Hobbys:	Grünschnitt häckseln (er) und mongolischer Obertongesang (sie).

Aber die Kinder müssen ja vielleicht auch gar nicht ausziehen. Auch das generationenübergreifende Wohnen liegt zurzeit durchaus im Trend. Die daraus resultierende Frage lautet demnach:

„Sollen die Kinder für immer bei uns wohnen bleiben?“

Gute Gründe dafür und dagegen:

pro	kontra
Eine Großfamilie ist etwas Wunderbares, …	… wenn man passionierter Masochist ist. Oder Italiener – und es toll findet, wenn die für Menschen gerade noch erträgliche Lärmgrenze von 60db nicht nur tagsüber, sondern auch nachts um ein Vielfaches überschritten wird.
Die Kinder können sich um uns kümmern, wenn wir einmal pflegebedürftig sind, …	… um uns dann für geistig unzurechnungsfähig zu erklären, ins Altersheim abzuschieben und das Erbe zu kassieren.
Wenn junge Leute und Kinder im Haus sind, bleibt man selber auch jünger.	Jünger im Sinne von: zeitlich angespannter, finanziell angespannter und vor allem nervlich angespannter.
Wenn die eigenen Kinder selbst Kinder haben, können sich die Großeltern auch mal um ihre Enkel kümmern. Eine große Entlastung für die berufstätigen Eltern, …	… die ihre Freiheit dann in vollen Zügen genießen, jeden Abend um den Block ziehen und so selten zu Hause sind, dass sie irgendwann von ihren Kindern gesiezt werden.
Wenn Eltern, Kinder und Enkel unter einem Dach wohnen, spart man eine Menge Geld für Miete, …	… haut aber doppelt so viel Geld für Psychotherapien und Eheberatung raus.

THEATER- UND FILMKLASSIKER

RELOADED

Die Generation der Fünfzigjährigen fühlt sich in mancher Hinsicht zu Recht vernachlässigt. So drehen sich Kinofilme und Theaterstücke fast ausschließlich um 20–30-jährige Helden. Für Menschen im mittleren Alter bleiben nur drei denkbare Rollenprofile:

1. Geschwätzige Nachbarin, die dem Helden/der Heldin auf die Nerven geht

2. Oberbösewicht

3. Gemüseverkäufer, dessen Stand bei einer Verfolgungsjagd umgerissen wird.

Für den objektiven Zuschauer ist es dabei besonders ärgerlich, dass die Hauptpersonen wesentlich umsichtiger agieren könnten, wenn es sich dabei um Menschen handeln würde, die über ein ausreichendes Maß an Lebenserfahrung verfügten und nicht um unerfahrenes, seinen Hormonen hilflos ausgeliefertes Jungvolk. Ein besonderes Negativbeispiel bildet das Drama „Romeo und Julia“, in dem der Autor William Shakespeare unverständlicherweise einen

17-Jährigen auf eine 14-Jährige treffen lässt. Hätte er sich stattdessen für zwei 50-Jährige entschieden, hätte die Handlung einen wesentlich vernünftigeren Verlauf genommen ...

ROMEO UND JULIA

Verona zur Zeit der Renaissance: Romeo trifft bei einem Ü-40-Maskenball Julia, die zur Zeit ihr Leben neu sortiert, nachdem gerade ihre zweite Ehe gescheitert ist und ihre älteste Tochter endlich einen Studienplatz gefunden und das Elternhaus verlassen hat.

Romeo und Julia sind sich auf Anhieb sympathisch. Sie tanzen eine Gavotte zusammen und das Date könnte ein voller Erfolg werden, doch da erfahren die zwei die niederschmetternde Wahrheit voneinander: Ihre Familien sind verfeindet, eine Beziehung zwischen Romeo und Julia könnte eine Art innerstädtischen Bürgerkrieg auslösen.

Trotzdem begibt sich Romeo zum Palast von Julias Familie, um die Situation mit Julia durchzudiskutieren. Sein Versuch, am rankenden Efeu emporzuklettern, scheitert kläglich, da sich Romeos gerade erst überstandener Bandscheibenvorfall wieder meldet. Die beiden Liebenden unterhalten sich also aus sicherer Distanz und beschließen, die Sache nicht zu überstürzen.

Am nächsten Tag gerät Romeos Freund Mercutio auf dem Markplatz von Verona in Streit mit Julias Cousin Tybalt. Beider Blut gerät in Wallung, es fallen böse Worte, und schließlich strebt die Auseinandersetzung einem ultimativen Höhepunkt entgegen: Die beiden übergeben die Sache ihren Anwälten und es werden Schreiben formuliert, die bei einer Fortsetzung des Fehlverhaltens der jeweiligen Gegenpartei eine Beleidigungsklage androhen.

Die Familienfehde ist damit neu entbrannt. Romeo und Julia treffen sich trotzdem zu einem weiteren Date und reden über gesunde Ernährung, regelmäßige Entschlackung und die Wichtigkeit einer aktiven, sportlichen Lebensweise. Davon euphorisiert verbringen sie die Nacht gemeinsam. Als sie gegen Morgen trotz Einnahme einer reichlichen Menge Schlafpulver draußen lieblichen Vogelgesang hören, wissen sie sofort, was das bedeutet: Wenn sie jetzt nicht endlich das Fenster schließen, werden sie überhaupt keinen wertvollen Nachtschlaf mehr bekommen und sich am nächsten Tag wie gerädert fühlen. Nach Einnahme eines kalorienarmen, fettfreien Frühstücks verabschiedet sich Romeo von seiner Geliebten.

Julia fragt einen befreundeten Franziskanermönch, Bruder Lorenzo, um Rat, und der entwickelt einen Plan: Julia soll ein Gift einnehmen, das sie lähmen und ihren Tod vortäuschen wird. Julia reizt der Gedanke, ihrer nervigen Familie zu entkommen, aber sie hat auch Bedenken: Die Kissenauswahl im ausgewählten Sarg lässt für ihren Geschmack nämlich gewaltig zu wünschen übrig. Das Gift aber trinkt sie ohne Bedenken – verwendet sie doch seit Jahren Schlafmittel, die um ein Vielfaches stärker sind als das Gesöff des Klosterbruders.

So täuscht Julia ihren Tod vor und wird in der Familiengruft aufgebahrt. Romeo, der von dem Plan nichts mitbekommen hat, eilt herbei und jammert lautstark. Julia, die zum ersten Mal seit Jahren mehr als sechs Stunden am Stück durchgeschlafen hat, wacht auf und bekommt einen Wutanfall. Sie informiert Romeo darüber, dass sie mehr Freiraum brauche, und marschiert davon, um noch rechtzeitig zu ihrem Kundalini-Yoga-Kurs zu kommen. Romeo bleibt erleichtert zurück: Er hatte inzwischen von Julias Kindern erfahren und bereits verzweifelt überlegt, wie er sich ohne Gesichtsverlust aus dieser Beziehung verabschieden kann.

Ende gut – alles gut.

Die große Zielgruppe der Fünfzigjährigen ist aber nicht nur für die Theaterschaffenden, sondern auch für die Filmindustrie zunehmend interessant. Deshalb werden zurzeit einige Kinoklassiker altersgerecht neu verfilmt …

HARRY POTTER UND DER STEIN DER WEISEN

Harry Potter besucht eine Abendschule für Zauberer. Grund: Der 50-jährige fettleibige Brillenträger muss dringend abnehmen und sucht deshalb einen Zauber gegen seine überschüssigen Pfunde. Dabei stößt er auf das magische Ritual des Heilfastens. Kurz darauf entdeckt er im Keller der Schule den Glauber-Stein der Weisen, ein äußerst wirksames Abführmittel, mit dem man zu Beginn des Heilfastens

den Verdauungstrakt entleert. Schon bald purzeln die Pfunde. Indes will Harrys ärgster Feind, der fette Vollschlankdemort, Harry den Glauber-Stein entreißen, um selbst abzunehmen. Doch der Versuch scheitert an einem depressiven Schub Vollschlankdemorts: nach Jahrzehnten unablässigen Böseseins leidet er unter Burnout.

BRAVEHEART

Ende des 13. Jahrhunderts: Kurz nach dem 50. Geburtstag des schottischen Freiheitskämpfers William Wallace entdeckt dessen Hausarzt ein auffälliges Muttermal an Wallace' Gesäß. Die Entfernung des Muttermals ist für damalige Verhältnisse unfassbar teuer, weshalb Wallace bei seiner englischen Krankenversicherung einen Antrag auf Kostenübernahme einreicht. Die Versicherung lehnt die Kostenübernahme jedoch ab, weil sie Schotten scheiße findet. Wallace erinnert sich an seine politisierte Jugend und organisiert eine Großdemo: Hunderte von Schotten ziehen in ihren Kilts vor das Verwaltungsgebäude des englischen Krankenversicherers und präsentieren dort aus Protest gegen den abgelehnten Antrag ihre nackten Hinterteile. Dabei brüllen sie: „KOSTENFREIHEIT!!!" Doch die Versicherung bleibt hart. Um weiterhin Widerstand zu leisten, lässt sich Wallace öffentlich vierteilen. Happy End: Die Kosten der Vierteilung werden am Ende des Films durch die Krankenkasse übernommen.

HARRY UND SALLY

Der 50-jährige Harry glaubt, Männer und Frauen könnten nie befreundet sein, weil ihnen immer der Sex dazwischen käme. Die gleichaltrige Sally widerspricht: 50-Jährige hätten maximal einmal pro Jahr Sex. Wo also soll das Problem sein?

Später treffen sich die beiden in einem New Yorker Imbiss wieder. Während des Essens beginnt Sally plötzlich laut zu stöhnen. Der Grund: Sie musste stundenlang auf einem unbequemen Stuhl sitzen, deshalb begannen ihre Krampfadern heftig zu schmerzen. Später gesteht Harry Sally, dass er sie liebt. Zwar hält Sally die Benutzung des Wortes „Liebe" bei Menschen ihres Alters für völlig naive Gefühlsduselei, sie heiratet Harry aber trotzdem, weil sie gerade keinen anderen Partner in Aussicht hat und es ihr deshalb „irgendwie als das Vernünftigste erscheint".

PIPPI LANGSTRUMPF

Pippi Langstrumpf, die allein in der topsanierten „Jugendstilvilla Kunterbunt" lebt, trifft sich jeden Nachmittag mit ihren Freunden und Mitfünfzigern Tommy und Annika zu einem Afterwork-Latte macchiato aus Fairtrade-Kaffee, den sie liebevoll mit ihrer sündhaft teuren dreigruppigen Faema-Espressomaschine zubereitet.

Während des abendlichen Workouts kugelt Pippi sich beim Hochheben ihres Pferdes ihre *frozen shoulder* aus. Gegen die Schmerzen helfen auch die Arnika-Globuli nicht, die Pippis Lieblingsosteopath ihr nach der letzten Behandlung mitgegeben hat.

Am Ende des Films kommt Pippis vermögender Vater aus seiner Wahlheimat, den Cayman Inseln, zu Besuch. Pippi, die ihren Vater lange nicht gesehen hat, erwartet einen vor Kraft strotzenden Selfmademan, der sie mit zu sich in seine 700-Quadratmeter-Villa holen will. Doch dann steht ein 80-jähriger Pflegefall im Rollstuhl vor ihrer Tür. Pippi beantragt Pflegegrad 4, die jedoch von der Angestellten des Medizinischen Dienstes, Fräulein Prusseliese, abgelehnt wird. Pippi hat einen dicken Hals, aber Tommy und Annika freuen sich, dass ihre Freundin sie nicht verlässt. Auch wenn sie jetzt nur noch ganz selten Zeit für sie haben wird ...

MATHEMATIK
für Frauen ab 50

Mit großer Wahrscheinlichkeit haben Sie sich seit Ihrer Ausbildung mit Mathematik nicht mehr auseinandergesetzt. Und das kann auch so bleiben. Allerdings sollten Sie zukünftig zwei kleine Regeländerungen beherzigen, die Ihnen als Frau das Leben nach dem 50sten sehr viel einfacher machen können.

ADDITION

Alte Regel: „Die Summe ergibt sich aus der Addition aller beteiligten Summanden."

NEUE REGEL: *„Die Summe einer Addition darf niemals den Wert 49 übersteigen."*

BEISPIEL:
Eva war vor vier Jahren 48 Jahre alt. Wie alt ist sie heute, also vier Jahre später?

Wir rechnen: 48 (Summand 1) + 4 (Summand 2) = 49 (Summe).

Die richtige Antwort lautet also: Eva ist heute 49 Jahre alt.

BEISPIEL für eine Addition von mehreren Zahlen:

Bernd borgt Eva Geld, damit sie sich Schuhe kaufen kann. Eva kauft ein Paar Stiefeletten für 399 Euro, ein Paar Pumps für 249,50 Euro und Wildlederstiefel für 495 Euro. Wie hoch ist die Summe, die Eva Bernd wiedergeben muss?

Wir rechnen: 399 (Summand 1) + 249,50 (Summand 2) + 495 (Summand 3) = 49 (Summe).

Die richtige Antwort lautet also: Eva muss Bernd 49 Euro geben.

SUBTRAKTION

Alte Regel: „Die Differenz ergibt sich aus der Subtraktion des Subtrahenden vom Minuend."

NEUE REGEL: *„Die Differenz einer Subtraktion ergibt stets den Wert 1."*

BEISPIEL:

Eva wiegt 68 Kilogramm. Wie viel Kilogramm muss sie sich abhungern, um auf ihr Traumgewicht von 55 Kilogramm zu kommen?

Wir rechnen: 68 (Minuend) - 55 (Subtrahend) = 1 (Differenz).

Die richtige Antwort lautet also: Eva muss lediglich ein Kilogramm abnehmen.

BEISPIEL für eine Subtraktion von mehreren Zahlen:

Eva schuldet Bernd für einen Schuhkauf 49 Euro, die sie in drei Raten abstottern möchte. Zum Fälligkeitstermin der ersten Rate zahlt Eva an Bernd 1,50 Euro. Ihre zweite Rate beträgt 2 Euro. Wie hoch muss die dritte Rate ausfallen, damit Eva schuldenfrei ist?

Wir rechnen in mehreren Schritten:

Schritt eins: 49 (Minuend) - 1,50 (Subtrahend = Evas erste Rate) = 1 (Differenz)

Schritt zwei: 1 (Minuend, Ergebnis der ersten Subtraktion) - 2 (Subtrahend, Evas zweite Rate) = -1. *(Anmerkung: Da der Subtrahend größer ist als der Minuend, haben wir hier ein negatives Ergebnis!)*

Die richtige Antwort lautet also: Bernd muss Eva einen Euro geben, damit Eva schuldenfrei ist.

Und nun: Viel Spaß beim Rechnen!

Aus Muttis HAUSAPOTHEKE

Spätestens mit fünfzig greifen (vor allem) Frauen im Kampf gegen die Falten immer häufiger zu einem Elixier, das ihnen ewige Jugend verspricht: Botox. Doch das angebliche Wundermittel birgt auch Gefahren. Angeblich wurde Nicole Kidman neulich bei Madame Tussauds mit ihrer eigenen Wachsfigur verwechselt und eine bekannte deutsche Charity-Lady in einem Badesee von einem paarungsbereiten Erpel besprungen, weil der sie aufgrund ihrer Lippenform für eine Artgenossin hielt. Gegen Falten hilft aber auch, morgens vor dem Spiegel einfach die Brille nicht aufzusetzen. Oder Muttis alte Hausmittel:

GESICHTSCREME

Für die Gesichtscreme müssen Sie nicht auf teure Produkte aus der Apotheke zurückgreifen. Verwenden Sie einfach eine handelsübliche Spachtelmasse aus dem Baumarkt, für kleinere Falten Feinspachtel, für größere Unebenheiten Universalspachtel. In beiden Fällen die Spachtelmasse großzügig auftragen und später mit 60er-Schleifpapier glattschleifen. Tipp: Wenn Sie Zement-Mörtel verwenden, sparen Sie sich das Schleifen. Allerdings empfinden viele einen Zementmischer im Badezimmer als wenig dekorativ.

GURKENMASKE

Anstelle einer aufwändigen Gurkenmaske können Sie sich auch ein wirksames Gesichtswasser aus Gurkensaft und ein paar Tropfen Glyzerin zubereiten. Mit einem Wattebausch auftragen und danach gut abreiben. Statt Glyzerin können Sie auch das noch wirksamere Nitroglyzerin verwenden. Durch die Reaktion des Nitroglyzerins mit der Reibungswärme werden Falten wie von Zauberhand verschwinden. Allerdings könnten Sie danach auf Ihre Mitmenschen etwas kopflos wirken.

HIRSESUPPE

Ein altbewährtes Hausmittel gegen Falten ist die Hirsesuppe, wegen ihres hohen Kieselsäure-Anteils. Das klassische Rezept: 1 Tasse Hirse 5 Stunden in 5 Tassen kaltem Wasser einweichen, damit die Hirse aufquellen kann. Unser Rezept: Wenn Sie das Getreide roh verzehren, entfaltet es seine volle Wirkung. Dann quillt nämlich nicht nur die Hirse auf, sondern auch Ihr gesamter Körper. Ein wahres Wundermittel gegen Falten.

WARMES BAD

Häufig wird gegen Faltenbildung ein 90-minütiges Bad in 35 Grad warmem Wasser mit Ringelblumen-Blüten und Bienenhonig empfohlen. Einfacher ist es, wenn Sie auf den Zusatz verzichten und stattdessen ein 35-minütiges Bad in 90 Grad warmem Wasser nehmen. Danach ziehen Sie einfach Ihre oberste Hautschicht ab – fertig! Jetzt sehen Sie zwar aus wie eine geschälte Tomate, aber dafür haben Sie garantiert keine Falten mehr.

DER 50. GEBURTSTAG

GASTGEBERTYPEN

Sie befinden sich in einer schwierigen Zeit: Denn nicht nur Sie feiern Ihren 50. Geburtstag, sondern auch Ihre Freundinnen und Freunde. Und die werden nicht alle gleich gut mit diesem speziellen Einschnitt fertig. Auf den Geburtstagpartys dieser Freunde werden Ihre sozialen Fähigkeiten also aufs Äußerste beansprucht werden, um nicht in peinliche Fettnäpfchen zu treten. Hier gibt es nur eines: Sie müssen sich klarmachen, was für ein Typ der jeweilige Gastgeber ist – nur so können Sie Ihr Verhalten danach ausrichten. Wir helfen Ihnen dabei.

1. DER SPONTANE:

Der Spontane fühlt sich eigentlich nicht wie 50 – und das will er allen auch beweisen. Irgendwann wird er sich bei Ihnen am Telefon melden mit den Worten: „Hey, hab gerade mal auf meinen Kalender geguckt und es sieht aus, als würd' ich heut ... lass mich mal nachrechnen ... ah ja: 50. Bock, heute auf ein Bierchen vorbeizukommen?"

Am Abend wird er dann vorgeben, Getränke, Buffet und die Top 40-Band in aller Eile noch kurz vor der Party organisiert zu haben und auch die Kneipe hat er nur mieten können, weil eine Hochzeitsparty „zufällig" abgesagt wurde.

Unser Verhaltenstipp: Natürlich sind Sie und Ihr gesamter Freundes- und Bekanntenkreis schon seit Monaten darüber informiert, dass diese Party stattfinden wird. Trotzdem: Spielen Sie mit! Kommen Sie im Jogginganzug und mit verwuschelten Haaren. Werfen Sie nicht zusammen für eine Mittelmeer-Kreuzfahrt, sondern besorgen Sie auf der Fahrt zur Party an der Tankstelle einen Danielle Steel-Roman, einen Tankgutschein und eine Packung Toffifee – natürlich mit fünf Leuten gemeinsam. Und auch, wenn alle Freunde sich den Termin freigehalten haben – losen Sie aus: Wenigstens jeder Dritte darf nicht erscheinen, weil er von der Spontaneinladung „überrascht" wurde. Nur so können Sie Ihre Glaubwürdigkeit bewahren.

2. DIE DEPRIMIERTE:

Für die Deprimierte steht fest: Ab heute ist ihr Leben mehr oder weniger vorbei. Alles, was noch vor ihr liegt, ist ein freudloses Warten auf Siechtum, Krankheit und Tod. Sie hat kurz mit dem Gedanken an Selbstmord gespielt, war dazu aber zu feige. Dann hat sie erwogen, sich entgegen der Konvention jeglichen Feierlichkeiten zu verweigern, musste sich aber eingestehen, dass sie dazu ebenfalls zu feige ist. Und das deprimiert sie noch mehr.

Für den uneingeweihten Gast kann es problematisch sein, herauszufinden, mit welchem Gastgeber-Typus man es hier zu tun hat: Einladung, Location, alles wird sich im Rahmen bewegen. Nur das erstarrte, verkrampfte Lächeln des Geburtstagskindes wird vielleicht Anlass zum Verdacht sein. Endgültige Sicherheit bietet nur ein prüfender Blick in die Augen – hier wird sich, trotz oberflächlich zur Schau gestellter guter Laune, die ganze Verzweiflung einer gemarterten Seele wiederspiegeln.

Unser Tipp: Verhalten Sie sich einfach wie bei jeder anderen Party – nur tun Sie eines nicht: Erwähnen Sie NIE das Wort „fünfzig“. Denken Sie an die Gremlins – wenn man sich bei den kleinen Knuddeltierchen an ein paar einfache Regeln hält, ist alles gut. Tut man es nicht, verwandeln sich die Gremlins in Monster und zerstören die Zivilisation. So ähnlich wird es sein, wenn Sie das verbotene Wort aussprechen – mit dem Unterschied, dass in diesem Fall nicht die Zivilisation, sondern die psychische Gesundheit der Gastgeberin ruiniert wird.

3. DER SINNSUCHER:

Dieser Typus tut sich ebenfalls schwer mit der Frage „Kommt jetzt überhaupt noch was, und wenn ja: Ist es alles scheiße?“. Doch er verfällt nicht in Depressionen darüber, sondern versucht, konstruktiv mit der Situation umzugehen.

Der Sinnsucher ist dabei leicht zu erkennen: Schon die Einladung zu seiner Party wird mindestens einen geistreichen Spruch zum Thema „Altern“ oder „Lebensmitte“ beinhalten. Bei dem Event selbst wird der DJ gehalten sein, einen fein ausgewogenen Musik-Mix aus den letzten 50 Jahren zu spielen. Doch der wird zunächst gar nicht nicht zum Einsatz kommen, denn erst mal wird der Gastgeber eine interaktive Diashow präsentieren, in der er die Gäste auf eine Reise durch sein Leben mitnimmt. Teils launig, teils nachdenklich wird er sich dabei der Frage nähern: „Habe ich alles richtig gemacht?“, „Habe ich ein gelungenes Leben geführt?“

Für Sie gilt dabei: Bleiben Sie möglichst nüchtern. Denn das Geburtstagskind wird für den Rest des Abends wie ein Geier durch die Reihen seiner Gäste streifen und einen nach dem anderen beiseite nehmen und erbarmungslos mit den Sinnfragen konfrontieren, die ihn selbst quälen: „Und? Was macht das Alter mit dir? Was kommt noch für dich? Wir kennen uns doch schon so lange ... sag mal ganz ehrlich!“ Hier kann eine unbedachte launige Antwort wie: „Hauptsache ich werd’ nie so alt, wie du aussiehst.“ schnell eine Lebenskrise auslösen.

4. DIE NOSTALGIKERIN:

Bei diesem Gastgebertypus hat der nahende fünfzigste Geburtstag vor allem eines ausgelöst: die sehnsuchtsvolle Erinnerung an die lang vergangene Jugend. Dies stellt an die Gäste besondere Anforderungen: Erstens ist hier das Risiko groß, dass Sie nicht zu einer normalen Party, sondern zu so etwas wie einer 80er-Jahre-Themenparty eingeladen werden. Hierbei wird von Ihnen erwartet, zu Recht vergessene modische Geschmacklosigkeiten wie Röhrenjeans oder Schulterpolster-Jacken aufzutreiben und – noch schlimmer – auch anzuziehen, um darin zu synthetischem Achtziger-Gedudel

über die Tanzfläche zu hopsen. Im privaten Gespräch mit dem Geburtstagskind werden Sie gezwungen sein, Ihre schönsten Jugenderlebnisse auszutauschen, während Sie verzweifelt versuchen, die Thompson Twins- und Wham-Plakate zu ignorieren, mit denen der Partyraum dekoriert ist.

Unser Rat: Alkohol hilft. Auch die größte Geschmacksverirrung verliert bei zwei bis drei Promille ihren Schrecken. Doch Vorsicht: *Sie* sollen an der Bar zuschlagen – nicht aber Ihre Gastgeberin. Ab einem gewissen Alkohollevel wird bei dieser die süße Nostalgie nämlich in pure Weinerlichkeit umschlagen. Spätestens, wenn so etwas passiert, sollten Sie schleunigst die Flucht ergreifen.

FAZIT: Egal, bei wem Sie zu Gast sind – das Risiko, in ein Fettnäpfchen zu treten, ist enorm. Seien Sie also vorsichtig. Oder besser noch: Ersparen Sie sich das ganze Drama. Feiert einer Ihrer Freunde seinen 51.? Dann nichts wie hin – dort ist Ihnen ein entspannter Abend ohne Fettnäpfchen-Gefahr sicher.

WO MAN 50-JÄHRIGE AM HÄUFIGSTEN IN IHRER FREIZEIT ANTRIFFT

FRAU

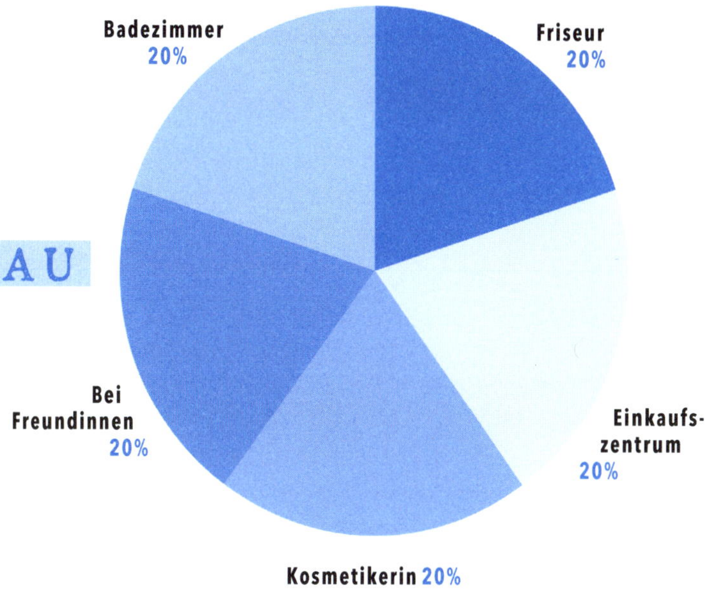

MANN

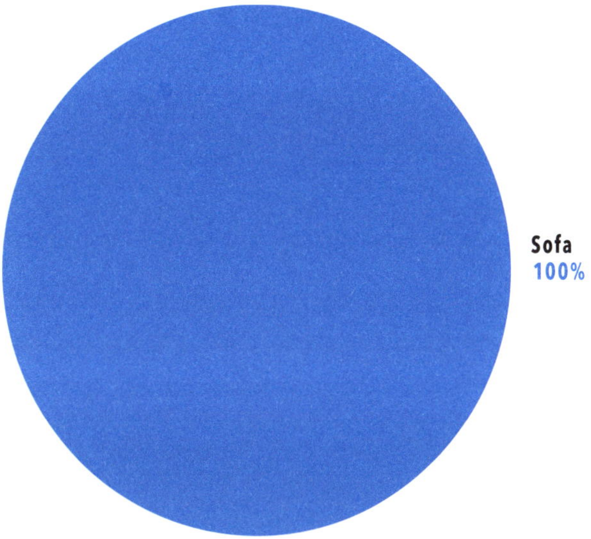

PARTY

Liebe Freundinnen, Freunde, Verwandte und Kollegen,

hiermit lade ich euch herzlich zu meinem 50. Geburtstag ein. Ich möchte bereits im Vorfeld verkünden, dass ich mich NICHT alt fühle und mich auch nicht alt fühlen will. Damit es euch auf der Party leichter fällt, meinen diesbezüglichen Wunsch zu respektieren, habe ich ein paar Verhaltensmaßregeln aufgestellt:

Geschenke, die unerwünscht sind und euch mit Sicherheit die Mitgliedschaft im Club meiner ehemaligen Freunde eintragen werden:

- Vita Buerlecithin
- Doppelherz
- Klosterfrau Melissengeist
- alle anderen Scherzgeschenke in Form von Tropfen, Toniken und Pillen für die ältere Generation
- leere Viagra-Packungen, in Verbindung mit einer Scherzkarte: „Du hast's ja jetzt nötig."

Geschenke, die erwünscht sind:

- volle Viagra-Packungen

Sätze & Begriffe, die in Konversationen auf keinen Fall auftauchen dürfen:

- „... Mitte des Lebens klar überschritten ..."
- „... Hoch die Tassen – ich sag mal: Prost...ata!"
- „... Keith Richards hat ja auch noch jede Menge Energie – und der ist ja noch viel älter ..."
- „... und Mick Jagger erst ..."
- „...Die haben doch jahrzehntelang den demographischen Faktor ignoriert ..."

EINLADUNG

- „...Sie haben ihn aufgeschnitten und dann gleich wieder zugemacht ..."
- „... mein Arzt hat mir geraten ..."
- „... mein Osteopath hat mir geraten ..."
- „... mein Homöopath hat mir geraten ..."
- „...Uh, schon halb elf? Ich muss gleich los, Montag hab ich einen wichtigen Termin, da kann ich samstags nicht über die Stränge schlagen ..."

Sätze, die in Konversationen unbedingt auftauchen sollten:

- „Scheiße Mann, obergeile Party – wie bin ich nur fünfzig Jahre OHNE Koks und Crack ausgekommen?"
- „Wer kommt nächste Woche mit zum Cro-Konzert?"
- „Was, schon vier Uhr morgens? Mann, so langsam komm' ich in Fahrt!"

Außerdem: Sollten Reden auf mich gehalten werden, dürfen sie nicht mit einem der folgenden Sätze eröffnet werden:

- „Neun Uhr, Zeit für eine Rede – Wahnsinn, dass ihr so lange durchgehalten habt ..."
- „Toll, dass so viele es heute hergeschafft haben – immerhin findet die Party im zweiten Stock statt ..."
- „Trinken wir auf den Jubilar – erheben wir die Schnabeltasse ..."

Ich bin mir sicher, jeder von euch wird sich gern an diese Richtlinien halten – denn wer dagegen verstößt, wird drei Stunden lang zusammen mit einem Riester-Berater in den Keller gesperrt.

Bis nächsten Samstag, euer Bernd

MIT 50 IST NOCH NICHT SCHLUSS

Viele Menschen lassen sich von ihrem herannahenden 50. Geburtstag in Depressionen treiben. Schuld ist der Gedanke, dass mit fünfzig mehr oder weniger alles vorbei ist. Doch dies ist ein Irrtum – das Leben geht noch weiter. Hier ein paar Beispiele, die dies belegen:

- Édouard Manet (Impressionistischer Maler), 1832–1883
- Gustav Stresemann (deutscher Politiker), 1878–1929
- Heinrich II. (römisch-deutscher Kaiser), 973–1024
- Honoré de Balzac (Schriftsteller), 1799–1850
- Leif Erickson (Wikinger, entdeckte Amerika), 970–1021
- Marcus Agrippa (römischer Feldherr u. Politiker), 63–12 v. Chr.
- Molière (Dramatiker), 1622–1673
- Rainer Maria Rilke (Dichter), 1875–1926
- Romulus Augustulus (letzter römischer Kaiser), 460–511

Doch Weiterleben ist ja nicht alles – viele Fifty-somethings waren in den Jahren nach dem Fünfzigsten auch noch zu außergewöhnlichen Taten fähig.

Adolf Hitler (1889–1945) zum Beispiel erbrachte einige seiner erstaunlichsten Leistungen erst nach seinem 50. Geburtstag:

- 1 Weltkrieg begonnen
- 1 Kontinent (Europa) erobert
- 1 Weltkrieg und 1 Kontinent (Europa) verloren

Iwan der Schreckliche (1530–1584) leistete ebenfalls in seinen Fünfzigern noch eine ganze Menge:

- 1 Sohn ermordet (eigenhändig)
- 20 Massenhinrichtungen angeordnet und beaufsichtigt
- ein halbes Dutzend bis dahin unbekannter Foltermethoden entwickelt und selbst ausprobiert

Aber noch mehr ist möglich:

Russel E. Oakes (1891–1961), einer der produktivsten Erfinder des 20. Jahrhunderts, entwickelte kurz nach seinem 50. Geburtstag noch ...

- eine Gesichtsmaske zum kleckerfreien Grapefruitessen,
- eine Ohrtrompete – ein Hörrohr in Größe eines mittleren Hirschgeweihs zum Abhören der Gespräche im Rücken des Trägers, und ...
- ... eine Spaghetti-Aufwickelmaschine.

Also, Kopf hoch: Auch mit Ihnen hat das Leben vielleicht noch Großes vor. Zeit genug bleibt Ihnen ja ... hoffentlich.

WOMIT SICH
GEDANKLICH AM MEI

MANN

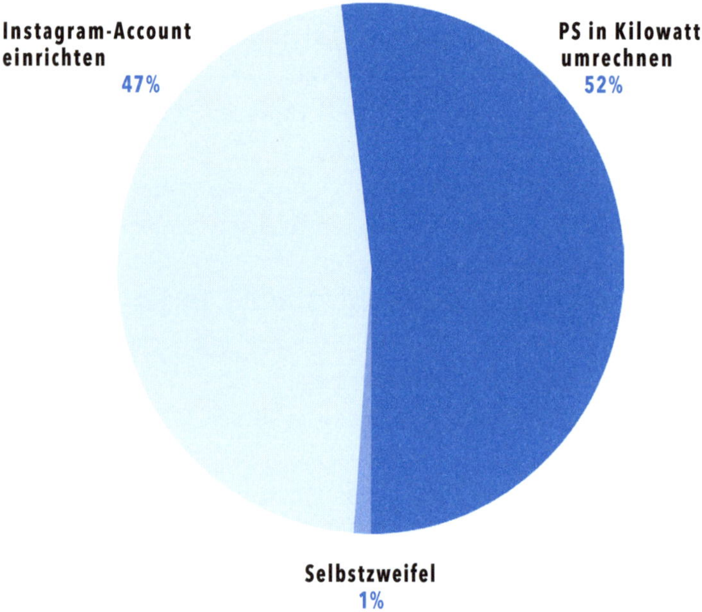

50-JÄHRIGE
STEN BESCHÄFTIGEN

FRAU

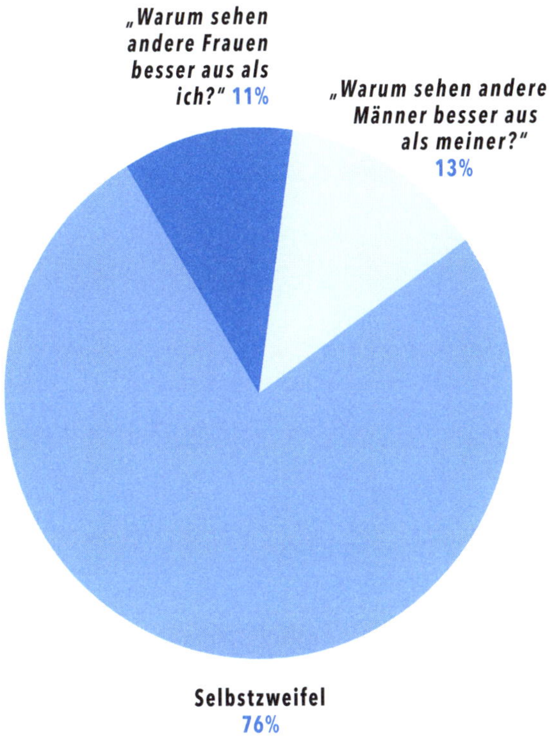

DIE AUTOREN

Die Autoren feierten bereits im Alter von sechs Jahren ihren ersten 50. Geburtstag. Grund: Sie hatten herausgefunden, dass es zu diesem besonderen Geburtstag die meisten Geschenke gibt. Um als Jubilare authentisch zu wirken, behalfen sie sich in den ersten Jahren mit aufgemalten Bärten, rasierten Geheimratsecken und Mehlstaub im Haar. Mit Erfolg: Bis heute feiern die Autoren jedes Jahr ihren 50sten und gelangten so im Laufe der Zeit zur weltweit größten Sammlung nutzloser Geburtstagsgeschenke – darunter eine Scheibe Toast mit dem eingebrannten Antlitz einer einohrigen Diddl-Maus und Rabattmarken im Wert von zwölf ungarischen Forint.

So verwundert es nicht, dass die Autoren aufgrund ihrer jahrelangen Erfahrung mittlerweile als Koryphäen rund um die Materie des runden Wiegenfestes gelten. Sie verfassten zahlreiche Publikationen zu diesem Themenkomplex, darunter die aufsehenerregenden Ratgeber „Der sichere Weg zur kostenlosen

Megaparty – Facebook-User Cedric und die öffentliche Einladung" (2018), „Der todsichere Weg zur kostenlosen Megaparty – Cedric weiß immer noch nicht, wie man das „Öffentlich"-Häkchen wegklickt" (2019) und „Der ultimative Weg zur kostenlosen Megaparty – Wie knacke ich einen Facebook-Account, um Cedric Häkchen wieder anzuklicken?" (2020). Für weltweite Furore sorgten die Autoren 2022 mit einer Neuauflage des großen Brockhaus' unter dem Titel „300.000 nützliche Geburtstagsgeschenke von A bis Z".

TEXTE

PETER GITZINGER, LINUS HÖKE und ROGER SCHMELZER sind seit vielen Jahren als Autoren für zahlreiche Kabarett- und Comedyshows im deutschen Fernsehen tätig. Neben Drehbüchern verfassen sie Theaterstücke und erarbeiten Bühnenprogramme für etablierte Kabaretthäuser und Comedians. Linus Höke ist zudem der Verfasser des Bestsellers *Shades of hä?*. Alle drei Autoren leben in und um Köln herum.

ILLUSTRATIONEN

ARI PLIKAT, geboren 1958 in Lüdenscheid. Lebt in Dortmund, zeichnet Illustrationen, Cartoons und komische Bilder, die in vielen Zeitungen und Zeitschriften zu sehen sind. Bei Lappan ist zuletzt sein Buch *Ich rieche Angstschweiß* erschienen.
www.ariplikat.de

12. überarb. Auflage 2025

ISBN 978-3-8303-4386-8

Mit Fragen zur Produktsicherheit wenden Sie sich bitte an:
carlsen.de/kontakt

Lektorat: Ariane Ossowski

Herstellung|Gestaltung: Monika Swirski

FOLLOW US!
facebook.com/lappanverlag
Instagram.com/lappanverlag

LAPPAN.DE
LAPPANKALENDER.DE

MIX
Papier | Fördert gute Waldnutzung
FSC® C002795
FSC www.fsc.org

PRODUZIERT MIT VERANTWORTUNG